📖 TEST 1 ◆ 詳解

1. (**B**) 在漫長的暑假過後，學校在九月開學。
   (A) superman 〔'supɚ͵mæn 〕 *n.* 超人
   (B) ***summer*** 〔'sʌmɚ 〕 *n.* 夏天
   (C) sweater 〔'swɛtɚ 〕 *n.* 毛衣
   (D) swimming 〔'swɪmɪŋ 〕 *n.* 游泳
   *begin 〔 bɪ'gɪn 〕 *v.* 開始 (= *start*)
   September 〔 sɛp'tɛmbɚ 〕 *n.* 九月
   vacation 〔 ve'keʃən 〕 *n.* 假期　***summer vacation*** 暑假

2. (**B**) 在所有的小說中，你最喜歡哪一本？
   (A) better 〔'bɛtɚ 〕 *adj.* 較好的 (good 的比較級)
   (B) ***best*** 〔 bɛst 〕 *adv.* 最
   (C) more 〔 mor 〕 *adj.* 更多的 (much 和 many 的比較級)
   (D) much 〔 mʌtʃ 〕 *adj.* 許多的 (修飾不可數名詞)
   *novel 〔'nɑvḷ 〕 *n.* 小說

3. (**C**) 我父親和我自己打掃房間。
   my father and I 是第一人稱複數形，故反身代名詞用 ourselves。
   在此為加強語氣的用法。

4. (**D**) 東尼必須拖地，不是嗎？
   have to 必須
   前面是肯定句，附加問句必須是否定句，且 has 是一般動詞，故
   助動詞用 does，選 (D)。doesn't he? 就是 doesn't he have to
   mop the floor? 的省略。
   *mop 〔 mɑp 〕 *v.* 拖地　　floor 〔 flor 〕 *n.* 地板

5. (**B**) 大部分的美國西部電影都是和牛仔有關。
   (A) cram school 〔'kræm͵skul 〕 *n.* 補習班
   (B) ***cowboy*** 〔'kau͵bɔɪ 〕 *n.* 牛仔
   (C) classmate 〔'klæs͵met 〕 *n.* 同班同學

　　　(D) color〔'kʌlə〕 *n.* 顏色

　　*American〔ə'mɛrɪkən〕 *adj.* 美國的
　　　western〔'wɛstən〕 *adj.* 西部的

6. (**B**)　卡特太太喜歡看她先生煮晚餐。

　　watch 為感官動詞，其用法為：

　　watch + 受詞 + $\begin{cases} \text{原形 V. （表主動）} \\ \text{V-ing （表主動進行）} \\ \text{p.p. （表被動）} \end{cases}$

　　依句意，看他先生「煮」晚餐，為主動的動作，故空格應填 cook
　　或 cooking，選 (B)。

7. (**C**)　我打破了媽媽的花瓶。她有一點生氣，並且告訴我不要<u>再犯</u>。

　　(A) carefully〔'kɛrfəlɪ〕 *adv.* 小心地
　　(B) along〔ə'lɔŋ〕 *prep.* 沿著
　　(C) ***again***〔ə'gɛn〕 *adv.* 再一次
　　(D) before〔bɪ'for〕 *prep.* 在～之前

　　*break〔brek〕 *v.* 打破　　vase〔ves〕 *n.* 花瓶
　　a little 有一點　　angry〔'æŋgrɪ〕 *adj.* 生氣的
　　tell sb. not to V. 告訴某人不要～

8. (**C**)　當我們打電話、搭公車，及從販賣機買可口可樂時，都需要<u>零錢</u>。

　　(A) cheap〔tʃip〕 *adj.* 便宜的　　(B) child〔tʃaɪld〕 *n.* 小孩
　　(C) ***change***〔tʃendʒ〕 *n.* 零錢　　(D) clean〔klin〕 *adj.* 乾淨的

　　*need〔nid〕 *v.* 需要　　***make a call*** 打電話
　　take〔tek〕 *v.* 搭乘　　get〔gɛt〕 *v.* 買
　　Coke〔kok〕 *n.* 可口可樂　　***vending machine*** 販賣機

9. (**A**)　林家已經住在台北二十年了，不是嗎？

　　「***for*** + 一段時間」表「持續（多久）」。很多人以為 for twenty
　　years 等於 since twenty years ago，這是錯誤的用法。

10. (**A**)　上星期和你哥哥們打籃球很有趣。

　　It 做虛主詞，代替後面的不定詞片語 to play basketball with
　　your brothers last week。

📖 TEST 2 ◆ 詳解

1. (**A**) 蘇珊幾乎每個星期天早上都和她的家人一起上<u>教堂</u>做禮拜。
   (A) **church** (tʃɝtʃ) *n.* 教堂　 ***go to church*** 上教堂做禮拜
   (B) catch (kætʃ) *v.* 捕捉
   (C) control (kən'trol) *v.* 控制
   (D) closet ('klɑzɪt) *n.* 衣櫥
   * family ('fæməlɪ) *n.* 家人

2. (**A**) 吃綠色蔬菜有益健康。
   動名詞當主詞，視為單數，又 good 為形容詞，須用 be 動詞，
   故選 (A)。
   * vegetable ('vɛdʒətəbḷ) *n.* 蔬菜　 ***be good for*** 對~有益
   　 health (hɛlθ) *n.* 健康

3. (**B**) 是你去紐約，記得去拜訪你的叔叔。
   { ***remember + to V.*** 記得去（動作未完成）
   { ***remember + V-ing*** 記得曾（動作已完成）
   * visit ('vɪzɪt) *v.* 拜訪　　 uncle ('ʌŋkḷ) *n.* 叔叔；伯父
   　 call on 拜訪某人

4. (**D**) 每天早上，都會有一個小販在<u>轉角</u>賣飯糰。
   (A) country ('kʌntrɪ) *n.* 鄉下；國家
   (B) cover ('kʌvɚ) *n.* （書的）封面
   (C) cookie ('kʊkɪ) *n.* 餅乾
   (D) **corner** ('kɔrnɚ) *n.* 轉角
   * vendor ('vɛndɚ) *n.* 小販　　 sell (sɛl) *v.* 賣
   　 rice (raɪs) *n.* 稻米；飯　　 ***rice ball*** 飯糰

5. (**C**) 別浪費這麼多時間看漫畫書。
   「waste + 時間 + (in) + V-ing」表「浪費時間在~」。
   「看」漫畫書，動詞須用 read，故選 (C)。
   * waste (west) *v.* 浪費　　 ***comic book*** 漫畫書

6. (**D**) 街區是城市的一部分。通常有四條街圍繞著它。

    (A) bookstore〔'bʊk,stor〕n. 書店

    (B) clock〔klɑk〕n. 鐘

    (C) village〔'vɪlɪdʒ〕n. 村莊

    (D) **block**〔blɑk〕n. 街區

    *city〔'sɪtɪ〕n. 城市　　　street〔strit〕n. 街

    around〔ə'raʊnd〕prep. 在～周圍

7. (**D**) 我們應該學英文，不只是因為它是學校教的科目，而且因為它既有用又有趣。

    not only…but (also)～ 不僅…而且～

    *subject〔'sʌbdʒɪkt〕n. 科目　　useful〔'jusfəl〕adj. 有用的

    interesting〔'ɪntrɪstɪŋ〕adj. 有趣的

8. (**C**) 以前我們要看電影時，必須排長長的隊伍買票，但是現在我們可以在家中的電腦上做這件事。

    (A) card〔kɑrd〕n. 卡片

    (B) menu〔'mɛnju〕n. 菜單

    (C) **ticket**〔'tɪkɪt〕n. 票

    (D) theater〔'θiətɚ〕n. 電影院

    ***in a long line** 排長隊　　**in the past** 在過去

    computer〔kəm'pjutɚ〕n. 電腦

9. (**C**) 棒球比賽的門票會在兩天內賣完，不是嗎？

    依句意，門票「被賣完」，須用被動語態，又從附加問句中得知，主要子句為肯定句，且助動詞用 will，故選 (C)。

    ***sell out** 賣完

10. (**D**) 恐龍隊和大象隊之間的棒球比賽很刺激。

    (A) believe〔bɪ'liv〕v. 相信

    (B) beside〔bɪ'saɪd〕prep. 在～旁邊

    (C) because〔bɪ'kɔz〕conj. 因為

    (D) **between**〔bə'twin〕prep. 在～之間

    ***baseball game** 棒球比賽　　exciting〔ɪk'saɪtɪŋ〕adj. 刺激的

📖 TEST 3 ◆ 詳解

1. (**C**) 這一科令人感到困惑，所以我很煩惱。

confuse〔kənˈfjuz〕*v.* 使困惑 和 trouble〔ˈtrʌbḷ〕*v.* 使煩惱，都是情感動詞，「人」做主詞須用過去分詞，「非人」做主詞，則用現在分詞，故選 (C)。

* subject〔ˈsʌbdʒɪkt〕*n.* 科目　　confused〔kənˈfjuzd〕*adj.* 困惑的
troubled〔ˈtrʌbḷd〕*adj.* 煩惱的
troubling〔ˈtrʌbḷɪŋ〕*adj.* 令人煩惱的
confusing〔kənˈfjuzɪŋ〕*adj.* 令人困惑的

2. (**A**) 我姊姊很會作菜。她通常會為我們全家人煮好吃的食物。

(A) **delicious**〔dɪˈlɪʃəs〕*adj.* 好吃的
(B) decorate〔ˈdɛkəˌret〕*v.* 裝飾
(C) dessert〔dɪˈzɝt〕*n.* 甜點　　(D) decide〔dɪˈsaɪd〕*v.* 決定
* cook〔kʊk〕*n.* 廚師　　*v.* 煮　　food〔fud〕*n.* 食物

3. (**D**) 如果明天下雨，我會會在家看那個電視節目。

表時間或條件的副詞子句，須用現在式表示未來，不可用 will 表示未來。

* program〔ˈprogræm〕*n.* 節目

4. (**A**) 瑪麗必須待在家裡，因為她得了重感冒。

連接兩個子句，須用連接詞，故 (B)(C) 不合。且從屬連接詞 that 之前不能有逗號，故 (D) 不合，選 (A)。

* since〔sɪns〕*conj.* 因為 (= *because*)
catch (a) bad cold 得了重感冒　　hard〔hɑrd〕*adj.* 困難的

5. (**B**) 二月是十二個月當中，天數最少的。

(A) December〔dɪˈsɛmbɚ〕*n.* 十二月
(B) **February**〔ˈfɛbruˌɛrɪ〕*n.* 二月
(C) March〔mɑrtʃ〕*n.* 三月　　(D) August〔ˈɔgəst〕*n.* 八月
* least〔list〕*adj.* 最少的　　month〔mʌnθ〕*n.* 月

6. (**D**) 當我在中國餐廳時，要做個決定對我來說通常很困難。
 (A) dialogue〔'daɪəˌlɔg〕n. 對話
 (B) difference〔'dɪfərəns〕n. 不同；差異
 (C) difficulty〔'dɪfəˌkʌltɪ〕n. 困難
 (D) *decision*〔dɪ'sɪʒən〕n. 決定
 *restaurant〔'rɛstərənt〕n. 餐廳

7. (**C**) 我希望有一天我能創造一種新的語言。
 助動詞 will 接原形動詞，故選 (C)。*be able to* 能夠 (= *can*)
 *one day 有一天 create〔krɪ'et〕v. 創造
 language〔'læŋgwɪdʒ〕n. 語言

8. (**B**) 當我們想要問某人一個問題，或請求某人幫忙時，我們通常會說：
 「對不起。」
 (A) 對不起。（道歉時用）
 (B) 對不起。（與人談話時的客氣開頭語）
 (C) 不客氣。   (D) 一點也不。
 *ask〔æsk〕v. 問；請求 *ask sb. a question* 問某人一個問題
 ask sb. for help 請求某人幫忙

9. (**A**) 我媽媽給了我一本英文字典，它在我閱讀英文小說時，幫了我很
 多忙。
 (A) *dictionary*〔'dɪkʃənˌɛrɪ〕n. 字典
 (B) notebook〔'notˌbʊk〕n. 筆記本
 (C) teacher〔'titʃə〕n. 老師 (D) gold〔gold〕n. 黃金
 *give〔gɪv〕v. 給（三態變化為：give-gave-given）
 novel〔'nɑvl̩〕n. 小說

10. (**C**) 自從上次寫信給你以來，發生了許多事。
 連接詞 since 表「自從～以來」，其引導的副詞子句用過去式，而
 主要子句則須用現在完成式或現在完成進行式。動詞 happen 須用
 主動語態，故選 (C)。
 *lots of 許多 (= *a lot of*) happen〔'hæpən〕v. 發生
 last〔læst〕adv. 上一次
 write to sb. 寫信給某人 (= *write a letter to sb.*)

📖 TEST 4 ◆ 詳解

1. (**C**) 當我們寄信給某人時，要使用<u>信封</u>，而且我們必須在上面寫收信人的姓名和地址。

(A) machine〔məˈʃin〕*n.* 機器

(B) pen friend〔ˈpɛn ˌfrɛnd〕*n.* 筆友（= *pen pal*）

(C) *envelope*〔ˈɛnvəˌlop〕*n.* 信封

(D) e-mail〔ˈiˌmel〕*n.* 電子郵件

*mail〔mel〕*v.* 郵寄　receiver〔rɪˈsivɚ〕*n.* 收信人
address〔əˈdrɛs〕*n.* 地址

2. (**B**) 你記得她什麼時候會來嗎？

名詞子句為間接問句的形式，主詞與動詞不須倒裝，故選 (B)。
而 (A) 須改為 where it is，(C) 須改為 who you should see，
(D) 須改為 how this could happen。

3. (**C**) 我通常看電視上的電影，因為電影票太<u>貴</u>了。

(A) example〔ɪgˈzæmpḷ〕*n.* 例子

(B) experience〔ɪkˈspɪrɪəns〕*n.* 經驗

(C) *expensive*〔ɪkˈspɛnsɪv〕*adj.* 昂貴的（↔ *cheap*）

(D) exercise〔ˈɛksɚˌsaɪz〕*v.* 運動

4. (**B**) 我們的校車在每天早上七點半發車。

every morning「每天早上」為表現在的習慣動作，須用現在簡單式，故選 (B)。

**school bus* 校車

5. (**A**) 如果我有錢，我就會借你。

表「與現在事實相反的假設」，其用法為：

$$\text{If} + \text{S.} + \left\{ \begin{array}{l} \text{were} \\ \text{過去式動詞} \end{array} \right\} \cdots, \text{S.} + \left\{ \begin{array}{l} \text{should} \\ \text{would} \\ \text{could} \\ \text{might} \end{array} \right\} + \text{V.}$$

*lend〔lɛnd〕*v.* 借（出）

6.(**D**) 約翰喜歡運動，但是我喜歡閱讀。我的興趣和他的<u>不同</u>。
   (A) familiar〔fəˋmɪljə〕 *adj.* 熟悉的 < *with* >
   (B) the same〔ðəˋsem〕 *adj.* 相同的 < *as* >
   (C) similar〔ˋsɪmələ〕 *adj.* 相似的 < *to* >
   (D) **different**〔ˋdɪfərənt〕 *adj.* 不同的 < *from* >
   * sport〔spɔrt〕 *n.* 運動　　interest〔ˋɪntrɪst〕 *n.* 興趣

7.(**B**) 在颱風季節期間，<u>班機</u>常常會延誤。所以在你前往機場之前，必須打電話，了解你的班機是否已經延誤。
   (A) sky〔skaɪ〕 *n.* 天空　　　　(B) **flight**〔flaɪt〕 *n.* 班機
   (C) magazine〔͵mægəˋzin〕 *n.* 雜誌　(D) light〔laɪt〕 *n.* 燈
   * during〔ˋdjʊrɪŋ〕 *prep.* 在～期間　　typhoon〔taɪˋfun〕 *n.* 颱風
   season〔ˋsizn̩〕 *n.* 季節　　delay〔dɪˋle〕 *v.* 延誤
   airport〔ˋɛr͵port〕 *n.* 機場　　**make a call** 打電話

8.(**B**) 顧客所點的東西可能很快就準備好了，所以他可以付錢後馬上就離開。
   so…that~ 如此…以致於～
   * customer〔ˋkʌstəmə〕 *n.* 顧客　　order〔ˋɔrdə〕 *n.* 訂購
   quickly〔ˋkwɪklɪ〕 *adv.* 快速地　　right〔raɪt〕 *adv.* 馬上；立刻
   pay for 付～的費用

9.(**B**) 當某人要去參加考試時，我們通常會說：「<u>祝你好運</u>。」
   (A) 祝你玩得愉快。　　　　　　(B) <u>祝你好運。</u>
   (C) 保重。　　　　　　　　　　(D) 別多管閒事。
   * **take a test** 參加考試

10.(**A**) 我們英文老師通常叫我們要把她所說的話寫在<u>筆記本</u>裡。
   (A) **notebook**〔ˋnot͵bʊk〕 *n.* 筆記本
   (B) museum〔mjuˋziəm〕 *n.* 博物館
   (C) homework〔ˋhom͵wɝk〕 *n.* 功課；家庭作業
   (D) newspaper〔ˋnjuz͵pepə〕 *n.* 報紙
   * **tell sb. to V.** 告訴某人做～　　**write down** 寫下
   words〔wɝdz〕 *n. pl.* 話

📖 TEST 5 ◆ 詳解

1. (**A**) 我的祖母說，牛在田裡爲我們辛苦工作，所以我們不應該吃<u>牛肉</u>。
   - (A) *beef*〔 bif 〕*n.* 牛肉
   - (B) pork〔 pɔrk 〕*n.* 豬肉
   - (C) chicken〔'tʃɪkən 〕*n.* 雞肉
   - (D) fish〔 fɪʃ 〕*n.* 魚肉
   - *grandmother〔'grænd,mʌðə 〕*n.* 祖母；外婆　　cow〔 kaʊ 〕*n.* 牛
     work hard 辛苦工作　　farm〔 fɑrm 〕*n.* 農田

2. (**D**) 他特別喜歡和他爸爸去釣魚。
   $\begin{cases} love + V\text{-}ing \text{ 喜歡} \\ = love + to\ V. \end{cases}$
   go + V-ing 去～
   *especially〔 ə'spɛʃəlɪ 〕*adv.* 特別是　　fish〔 fɪʃ 〕*v.* 釣魚

3. (**D**) 你出生的那一天就是你的<u>生日</u>。
   - (A) present〔'prɛznt 〕*n.* 禮物
   - (B) holiday〔'hɑlə,de 〕*n.* 假日
   - (C) everyday〔'ɛvrɪ'de 〕*adj.* 每天的；日常的
   - (D) *birthday*〔'bɝθ,de 〕*n.* 生日
   - *be born* 出生

4. (**D**) 何者不正確？
   她有雙漂亮的眼睛，不是嗎？
   $\begin{cases} have\ got\ (\text{have 爲助動詞}) \quad \text{有} \\ = have\ (\text{have 爲一般動詞}) \end{cases}$
   故 (D) 須改爲…*hasn't she?*
   *sentence〔'sɛntəns 〕*n.* 句子

5. (**A**) 蒂娜忙著佈置她的新家。
   $\begin{cases} sb. + be\ busy + (in) + V\text{-}ing \text{ 忙於} \\ = sb. + be\ busy + with + N. \end{cases}$
   *decorate〔'dɛkə,ret 〕*v.* 佈置；裝飾

6. (**C**) 醫生為病人寫處方箋，讓他們去醫院拿一些藥。
  (A) money〔'mʌnɪ〕*n.* 錢
  (B) nurse〔nɝs〕*n.* 護士
  (C) *medicine*〔'mɛdəsn̩〕*n.* 藥
  (D) medium〔'midɪəm〕*adj.* 中等的
  *prescription〔prɪ'skrɪpʃən〕*n.* 處方箋   sick〔sɪk〕*adj.* 生病的
    hospital〔'hɑspɪtl̩〕*n.* 醫院

7. (**C**) 漢堡是德國一個城市的名字，但是在英文當中，它的意思是一種速食。
  (A) French fries〔'frɛntʃ 'fraɪz〕*n. pl.* 薯條
  (B) sandwich〔'sændwɪtʃ〕*n.* 三明治
  (C) *Hamburg*〔'hæmbɝg〕*n.* 漢堡（德國的城市）
      cf. hamburger〔'hæmbɝgɚ〕*n.* 漢堡
  (D) nugget〔'nʌgɪt〕*n.* 小塊   chicken nugget 雞塊
  *Germany〔'dʒɝmənɪ〕*n.* 德國   mean〔min〕*v.* 意思是
    kind〔kaɪnd〕*n.* 種類   *fast food* 速食

8. (**D**) 我姊姊喜歡在她房間的牆上，貼電影明星及歌手的海報。
  (A) clock〔klɑk〕*n.* 鐘
  (B) name〔nem〕*n.* 名字
  (C) fan〔fæn〕*n.* 迷
  (D) *poster*〔'postɚ〕*n.* 海報
  **movie star* 電影明星   singer〔'sɪŋɚ〕*n.* 歌手

9. (**D**) 只要你在床上躺幾天，你就會好一點。
  依句意，選 (D) *as long as*「只要」(= *so long as*)。
  而 (A) even if「即使」，(B) although「雖然」，
  (D) that「那個」，均不合句意。

10. (**C**) 我最喜歡十二月，因為耶誕節在那個月，而且我可以收到很多禮物和卡片。
  (A) August〔'ɔgəst〕*n.* 八月
  (B) September〔sɛp'tɛmbɚ〕*n.* 九月
  (C) *December*〔dɪ'sɛmbɚ〕*n.* 十二月
  (D) October〔ɑk'tobɚ〕*n.* 十月
  *Christmas〔'krɪsməs〕*n.* 耶誕節
    present〔'prɛznt̩〕*n.* 禮物 (= *gift*)   card〔kɑrd〕*n.* 卡片

📖 TEST 6 ◆ 詳解

1. (**D**) A：你會說什麼語言？
   B：國語、台語，和一點點英語。
   (A) say〔se〕v. 說　　　　(B) talk〔tɔk〕v. 談話
   (C) tell〔tɛl〕v. 告訴　　　(D) *speak*〔spik〕v. 說（語言）
   *language〔'læŋgwɪdʒ〕n. 語言
   　Mandarin〔'mændərɪn〕n. 國語
   　Taiwanese〔taɪwəˈniz〕n. 台語

2. (**D**) 我們中國人以米維生。
   (A) bread〔brɛd〕n. 麵包　　(B) lunch〔lʌntʃ〕n. 午餐
   (C) dinner〔'dɪnɚ〕n. 晚餐　　(D) *rice*〔raɪs〕n. 稻米；飯
   **live on* 以～維生；以～為食

3. (**A**) 我一個禮拜打電話給我媽媽兩次。
   (A) *twice*〔twaɪs〕adv. 兩次　　(B) town〔taʊn〕n. 城鎮
   (C) twin〔twɪn〕n. 雙胞胎（之一）
   (D) truth〔truθ〕n. 事實；實話

4. (**D**) 記住事實並不會很難。
   空格須填主詞，其形式須為名詞或動名詞，故 (A) (B) 不合。
   而 (C) 正確的讀書習慣，須接複數 be 動詞 are，故不合。
   而 Remembering facts 為動名詞片語，須接單數動詞，故選 (D)。
   *difficult〔'dɪfə,kʌlt〕adj. 困難的　　subject〔'sʌbdʒɪkt〕n. 科目
   　confusing〔kənˈfjuzɪŋ〕adj. 令人困惑的
   　correct〔kəˈrɛkt〕adj. 正確的　　habit〔'hæbɪt〕n. 習慣
   　remember〔rɪˈmɛmbɚ〕v. 記得　　fact〔fækt〕n. 事實

5. (**B**) 警方已經抓到小偷。
   the police「警方」表「全體警員」，視為複數，空格應填複數
   動詞，故 (A) (D) 不合。catch 的三態變化是：catch-caught-
   caught，故選 (B) *have caught*。
   *catch〔kætʃ〕v. 捕捉　　thief〔θif〕n. 小偷

6. (**D**) 蘇珊<u>很少</u>在餐後吃甜點，因爲她怕變胖。
    (A) always〔'ɔlwez〕*adv.* 總是
    (B) usually〔'juʒʊəlɪ〕*adv.* 通常
    (C) often〔'ɔfən〕*adv.* 時常
    (D) *seldom*〔'sɛldəm〕*adv.* 很少
    *dessert〔dɪ'zɝt〕*n.* 甜點   meal〔mil〕*n.* 一餐
    be afraid of 害怕   *get fat* 變胖

7. (**C**) 在星期四之前，星期二之後的日子，是<u>星期三</u>。
    (A) Sunday〔'sʌnde〕*n.* 星期日
    (B) Saturday〔'sætɚde〕*n.* 星期六
    (C) *Wednesday*〔'wɛnzde〕*n.* 星期三
    (D) Friday〔'fraɪde〕*n.* 星期五

8. (**B**) 如果你從台北搭<u>火車</u>去花蓮，將會花費你大約四個小時的時間。
    (A) plane〔plen〕*n.* 飛機
    (B) *train*〔tren〕*n.* 火車
    (C) bike〔baɪk〕*n.* 腳踏車
    (D) boat〔bot〕*n.* 船
    *take〔tek〕*v.* 花費（時間）

9. (**A**) 有一天你發現你的鞋子太小了。這就表示你的<u>腳</u>變大了。
    (A) *foot*〔fʊt〕*n.* 腳（feet 是複數）
    (B) leg〔lɛg〕*n.* 腿   (C) finger〔'fɪŋgɚ〕*n.* 手指
    (D) hair〔hɛr〕*n.* 頭髮
    one day 有一天   shoe〔ʃu〕*n.* 鞋子
    mean〔min〕*v.* 意思是

10. (**B**) 暑假期間，有些學生去露營，學習認識大自然。
    go + V-ing 去～
    and 爲對等連接詞，其前後的動詞，時態要一致，動詞 go 爲現在
    簡單式，故空格應填入現在簡單式 learn。
    *during〔'djʊrɪŋ〕*prep.* 在～期間   camp〔kæmp〕*v.* 露營
    learn about 了解；明白   nature〔'netʃɚ〕*n.* 大自然

📖 TEST 7 ◆ 詳解

1. (**A**) 如果你想去戶外放鬆自己，你可以去山中賞鳥，或去海裏游泳。
　　(A) ***mountain*** (ˈmauntn̩) *n.* 山　***in the mountains*** 在山中
　　(B) movie (ˈmuvɪ) *n.* 電影　　　(C) music (ˈmjuzɪk) *n.* 音樂
　　(D) museum (mjuˈziəm) *n.* 博物館
　　*outdoors (ˈautˈdorz) *adv.* 在戶外　　relax (rɪˈlæks) *v.* 放鬆
　　ocean (ˈoʃən) *n.* 海洋 (= *sea*)

2. (**A**) 兩個漢堡和一杯可口可樂要多少錢？
　　$\begin{cases} \textbf{How much} + 不可數名詞？ \sim 多少？ \\ \textbf{How many} + 複數可數名詞？ \end{cases}$
　　問「東西多少錢？」，須用「How much (money) + be 動詞 + 物？」或「How many dollars + be 動詞 + 物？」
　　*hamburger (ˈhæmbɝɡɚ) *n.* 漢堡　　Coke (kok) *n.* 可口可樂

3. (**D**) 我男朋友買了一件新洋裝給我。
　　buy *sb.* *sth.* = ***buy*** *sth.* ***for*** *sb.* 買某物給某人
　　*dress (drɛs) *n.* 洋裝

4. (**A**) 我不知道如何修理腳踏車。
　　「疑問詞 + 不定詞」形成名詞片語，做 know 的受詞，故選 (A)。
　　而 (B) 須改爲 where he is going.，(C) 須改爲 what he is going to do.，(D) 須改爲 when to leave. 或 when he will leave.
　　*fix (fɪks) *v.* 修理　　bike (baɪk) *n.* 腳踏車 (= *bicycle*)

5. (**D**) 不要在馬路上玩球。
　　(A) steak (stek) *n.* 牛排　　　　(B) luck (lʌk) *n.* 運氣
　　(C) farm (fɑrm) *n.* 農場；農田　　(D) ***road*** (rod) *n.* 馬路

6. (**A**) 媽媽在廚房裏爲我們準備食物。
　　(A) ***kitchen*** (ˈkɪtʃən) *n.* 廚房
　　(B) supermarket (ˈsupɚˌmɑrkɪt) *n.* 超級市場

(C) restaurant〔'rɛstərənt〕*n.* 餐廳
(D) living room〔'lɪvɪŋ͵rum〕*n.* 客廳
*prepare〔prɪ'pɛr〕*v.* 準備

7. (**D**) 昨天晚上我媽媽必須工作，所以她在桌上留了一張紙條。紙條上
說：「睡覺前記得要鎖門。」
(A) tell〔tɛl〕*v.* 告訴　　　(B) speak〔spik〕*v.* 說（語言）
(C) write〔raɪt〕*v.* 寫　　　(D) *say*〔se〕*v.*（報紙、紙條）說
*leave〔liv〕*v.* 留下　　note〔not〕*n.* 紙條
remember to V. 記得去～　　lock〔lɑk〕*v.* 鎖上

8. (**B**) 湯姆在過去兩年的國中生涯中，沒有用功讀書。現在他很擔心即
將來臨的國中教育會考。
(A) confused〔kən'fjuzd〕*adj.* 困惑的 < *with* >
(B) *worried*〔'wɝɪd〕*adj.* 擔心的 < *about* >
(C) bored〔bord〕*adj.* 無聊的 < *with* >
(D) excited〔ɪk'saɪtɪd〕*adj.* 興奮的 < *at* >
study hard 用功讀書　　last〔læst〕*adj.* 過去的
coming〔'kʌmɪŋ〕*adj.* 即將來臨的
*Comprehensive Assessment Program for Junior High School
Students* 國中教育會考

9. (**D**) 努力工作，你就會非常成功。
$\begin{cases} 祈使句, and + S. + V. \ 如果…，就～ \\ = If + S. + V., ～ \end{cases}$
祈使句須用原形動詞，故選 (D)。
本句等於：If you work hard, you will have a great success.
*hard〔hɑrd〕*adv.* 努力地　　success〔sək'sɛs〕*n.* 成功

10. (**D**) 上星期六，我和我的同學去夜市。我向小販買了一些 CD，那裡的
CD 比較便宜。
(A) visitor〔'vɪzɪtɚ〕*n.* 觀光客
(B) voice〔vɔɪs〕*n.* 聲音　　(C) video〔'vɪdɪ͵o〕*n.* 錄影機
(D) *vendor*〔'vɛndɚ〕*n.* 小販；攤販
**night market* 夜市

📖 TEST 8 ◆ 詳解

1. (**B**) 蘇珊變得越來越胖。所以她幾乎每天去健身房做<u>運動</u>。
  (A) hamburger〔'hæmbɝɡɚ〕*n.* 漢堡
  (B) *exercise*〔'ɛksə͵saɪs〕*n.* 運動
   get exercise 做運動 (= exercise = work out)
  (C) experience〔ɪk'spɪrɪəns〕*n.* 經驗
  (D) example〔ɪg'zæmpḷ〕*n.* 例子
  *gym〔dʒɪm〕*n.* 健身房;體育館

2. (**B**) 「<u>學習</u>永遠不嫌遲」是一句古老的諺語。
  (A) teach〔titʃ〕*v.* 教   (B) *learn*〔lɝn〕*v.* 學習
  (C) talk〔tɔk〕*v.* 談話   (D) get〔gɛt〕*v.* 得到
  **too…to* ~　太…以致於不~ saying〔'se·ɪŋ〕*n.* 諺語

3. (**A**) 突然間,他看到一名男子站在轉角處。
  see 爲感官動詞,其用法爲:
  see + 受詞 + $\begin{cases} 原形\ V.\ (表主動) \\ V\text{-}ing\ (表主動進行) \\ p.p.\ (表被動) \end{cases}$
  依句意,看到一名男子「站」在角落,爲主動,故空格應塡 stand
  或 standing,選 (A)。(D) 須改爲 who stood。
  *suddenly〔'sʌdṇlɪ〕*adv.* 突然地 corner〔'kɔrnɚ〕*n.* 轉角
  at the corner 在轉角處 (= on the corner)

4. (**C**) 他們必須待在家裡,因爲現在正在下雨。
  convenient 爲「非人稱形容詞」,不能用來修飾人,故 (A) 不合。
  而 (B) 須改爲 which Mr. Lin owns,(D) 須改爲 and I must, too。
  *convenient〔kən'vinjənt〕*adj.* 方便的 own〔on〕*v.* 擁有

5. (**D**) 你能獨自旅行,而不會迷路嗎?
  without 爲介系詞,須接名詞或動名詞。
  lose〔luz〕*v.* 失去;輸掉 *get lost* 迷路 (= be lost)

　　　　*travel〔'trævḷ〕v. 旅行　　***go traveling** 去旅行
　　　　alone〔ə'lon〕adv. 單獨地

6. (**A**) 湯姆：媽，我們幾點可以吃晚餐？
　　　　媽媽：快了。
　　　　(A) 快了。　　　　　　　　　(B) 現在不行。
　　　　(C) 尚未。　　　　　　　　　(D) 你不知道嗎？
　　　　*have〔hæv〕v. 吃（= *eat*）　　pretty〔'prɪtɪ〕adv. 相當地

7. (**C**)「昨晚下傾盆大雨」的意思是昨天晚上下大雨。
　　　　(A) handy〔'hændɪ〕adj. 方便的；便利的
　　　　(B) hardly〔'hɑrdlɪ〕adv. 幾乎不
　　　　(C) **heavy**〔'hɛvɪ〕adj. 大量的；猛烈的　　**heavy rain** 大雨
　　　　(D) heavily〔'hɛvɪlɪ〕adv. 大量地；猛烈地（須修飾動詞）
　　　　***rain cats and dogs** 下傾盆大雨（= *rain heavily*）
　　　　　mean〔min〕v. 意思是

8. (**B**)「喂；哈囉。」可以在我們接電話及遇見某人的時候使用。
　　　　(A) 嗨！（見面時用）
　　　　(B) 喂；哈囉。（接電話或見面時用）
　　　　(C) 你好嗎？
　　　　(D) 很高興認識你。
　　　　*use〔juz〕v. 使用　　answer〔'ænsɚ〕v. 接（電話）
　　　　meet〔mit〕v. 遇見；認識

9. (**C**) 約翰昨天並不是走路上學。他是跑步到學校的。
　　　　did 是助動詞，後須接原形動詞，故 (A)(D) 不合，且依句意，前後
　　　　兩句時態均為過去式，故第二個空格須填過去式動詞，run 的三態
　　　　變化為：run-ran-run，故選 (C)。

10. (**C**) 安德森一家人都非常熱心。他們自願幫助鎮上的老人。
　　　　表「姓～的一家人」，姓氏後要加 s，且前面要加 the。
　　　　the Andersons = the Anderson family 安德森一家人
　　　　*warm-hearted〔'wɔrm'hɑrtɪd〕adj. 熱心的；有同情心的
　　　　　volunteer〔͵vɑlən'tɪr〕v. 自願

📖 TEST 9 ◆ 詳解

1.(**C**) 我不曾用火柴點過火。
   start a fire 生火 (= *make a fire*)
   依句意，為現在完成式，動詞形式須為「have + p.p.」，故選 (C)。
   介系詞 with 表「用~」。
   *match 〔 mætʃ 〕 *n.* 火柴

2.(**B**) 這是我自己的房子，我希望你會喜歡。
   $\begin{cases} one's\ own + N.\ \text{某人自己的} \\ = N. + of\ one's\ own \end{cases}$
   my own house = a house of my own　我自己的房子

3.(**C**) 王先生寫的故事相當有趣。
   本句是由 The stories *which are written by Mr. Wang*…轉化而
   來。形容詞子句改為分詞片語，有兩個步驟：①去關代 (which)。
   ②動詞改為現在分詞 (are → being)，又 being 可省略。
   *interesting 〔ˈɪntrɪstɪŋ 〕 *adj.* 有趣的

4.(**A**) 我媽媽要我在晚餐前讀完這本書。
   have + *sb.* + 原形 *V.* 要某人~
   finish + *V-ing* 完成

5.(**A**) "<u>Cool</u>" 的意思是天氣既不冷也不熱，但是現在對年輕人來說，它
   的意思也可以是指「很流行」。
   (A) ***cool*** 〔 kul 〕 *adj.* 涼爽的；酷的
   (B) nice 〔 naɪs 〕 *adj.* 好的
   (C) warm 〔 wɔrm 〕 *adj.* 溫暖的
   (D) cute 〔 kjut 〕 *adj.* 可愛的
   ***neither*…*nor*~ 既不…，也不~　　*in fashion* 流行的；時髦的

6.(**C**) 法蘭克的祖母沒戴眼鏡就沒辦法閱讀。
   (A) watch 〔 watʃ 〕 *n.* 手錶

(B) jacket (ˈdʒækɪt) *n.* 夾克

(C) *glasses* (ˈglæsɪz) *n. pl.* 眼鏡

(D) dress (drɛs) *n.* 洋裝

7. (**B**) 小朋友在農曆新年期間比較快樂,因爲他們可以從<u>大人</u>那裡得到壓歲錢。

(A) red envelope (rɛd ˈɛnvəˌlop) *n.* 紅包

(B) *grownup* (ˈgronˌʌp) *n.* 大人;成人

(C) bank (bæŋk) *n.* 銀行

(D) clerk (klɜk) *n.* 店員

the Chinese New Year 農曆新年　　*lucky money* 壓歲錢

8. (**D**) 我的書在書桌上。那些在箱子裡的是他的。

those 在本句等於 those books,爲複數代名詞,其後須接複數動詞,故 (A) (B) 不合。又所有格代名詞的第三人稱女性爲 hers,故 (C) 不合,選 (D)。所有格代名詞,就等於「所有格 + 名詞」,故 his = his books。

9. (**B**) 莉莉幾乎每天<u>花</u>一個小時彈鋼琴。

(A) take (tek) *v.* 花費(時間)(以物爲主詞)

(B) *spend* (spɛnd) *v.* 花費(時間或金錢)(以人爲主詞)

(C) cost (kɔst) *v.* 花費(金錢)(以物爲主詞)

(D) have (hæv) *v.* 有

人 + spend + 時間 + V-ing 某人花時間做~
　play the piano 彈鋼琴

10. (**C**) 當你在餐廳把湯匙弄掉時,你不需要撿起來使用。你可以向<u>服務生</u>再要一支。

(A) water (ˈwɑtɚ) *n.* 水

(B) waste (west) *v.* 浪費

(C) *waiter* (ˈwetɚ) *n.* 服務生

(D) wallet (ˈwɑlɪt) *n.* 皮夾

*drop (drɑp) *v.* 使掉落　　spoon (spun) *n.* 湯匙
　pick up 撿起　　*ask sb. for sth.* 向某人要某物

📖 TEST 10 ◆ 詳解

1. (**C**) 蘇珊總是在放學後<u>練習</u>桌球。
   (A) try〔traɪ〕v. 嘗試
   (B) listen〔ˋlɪsṇ〕v. 聽 < to >
   (C) ***practice***〔ˋpræktɪs〕v. 練習
   (D) follow〔ˋfalo〕v. 遵循；跟隨
   table tennis** 桌球（= *ping-pong*）　　***after school 放學後

2. (**A**) 女人的毛衣可能比男人的貴。
   than 為表比較的連接詞，故前面須用比較級形容詞。
   men's = men's sweaters。

3. (**C**) 來打排球如何？
   How about + V-ing? 做～如何？
   (= *What about + V-ing?* = *What do you say to + V-ing?*)
   * grow〔gro〕v. 種植　　　rice〔raɪs〕n. 稻米
   go on a picnic 去野餐　　volleyball〔ˋvalɪˌbɔl〕n. 排球
   join〔dʒɔɪn〕v. 加入　　　program〔ˋprogræm〕n. 計劃

4. (**D**) 他年紀太小，不能開車。
   too…to V. 太…以致於不～
   so…that～ 如此…以致於～
   He is ***too*** young ***to*** drive.
   = He is ***so*** young ***that*** he ***can't*** drive.

5. (**D**) 湯姆和傑克一樣，難過地談論他的問題。
   $as + \left\{ \begin{array}{l} adj. \\ adv. \end{array} \right\} + as\text{～}$　和～一樣…
   修飾動詞 talked 須用副詞，故選 (D)。
   ***talk about** 談論　　problem〔ˋprabləm〕n. 問題
   sadly〔ˋsædlɪ〕adv. 難過地

6. (**D**) 當我學英文有困難時，老師總是會給我一些很好的<u>秘訣</u>讓我<u>遵循</u>。

(A) song〔sɔŋ〕n. 歌曲
(B) novel〔'nɑvl̩〕n. 小說
(C) answer〔'ænsɚ〕n. 答案
(D) *tip*〔tɪp〕n. 秘訣
* *have problems* (*in*) + *V-ing*　～有困難

7. (**A**) 農曆新年期間，人們喜歡邀請親戚或朋友來他們的家裡團聚。
(A) *invite*〔ɪn'vaɪt〕v. 邀請
(B) return〔rɪ't3n〕v. 歸還；回來
(C) compete〔kəm'pit〕v. 競爭
(D) spend〔spɛnd〕v. 花費
* relative〔'rɛlətɪv〕n. 親戚　　*get together* 團聚

8. (**A**) 有些人喜歡搭捷運，因為捷運比公車更舒適。
(A) *comfortable*〔'kʌmfɚtəbl̩〕adj. 舒適的
(B) strong〔strɔŋ〕adj. 強壯的
(C) expensive〔ɪk'spɛnsɪv〕adj. 昂貴的
(D) shy〔ʃaɪ〕adj. 害羞的
* enjoy〔ɪn'dʒɔɪ〕v. 喜歡　　*enjoy* + *V-ing* 喜歡～
MRT 捷運 (= *Mass Rapid Transit*)　　*take the MRT* 搭捷運

9. (**B**) 我妹妹是「五月天」的忠實歌迷。她幾乎每一場演唱會都參加。
(A) surely〔'ʃʊrlɪ〕adv. 確定地
(B) *almost*〔'ɔl‚most〕adv. 幾乎
(C) even〔'ɛvɚ〕adv. 曾經
(D) mostly〔'mostlɪ〕adv. 大部分地
* fan〔fæn〕n. 迷　　concert〔'kɑnsɝt〕n. 演唱會

10. (**C**) 氣象報告說，明天將會下雨。
that 引導的名詞子句（若做及物動詞的受詞，that 可省略）為直
述句，tomorrow「明天」為表未來的時間副詞，故用未來式，
「there + be 動詞」表示「有」，其未來式為 there will be，故
選 (C)。
* report〔rɪ'port〕n. 報導

📖 TEST 11 ◆ 詳解

1. (**B**) 好的駕駛人必須<u>小心地</u>開車。
   - (A) differently〔ˈdɪfərəntlɪ〕*adv.* 不同地
   - (B) ***carefully***〔ˈkɛrfəlɪ〕*adv.* 小心地
   - (C) specially〔ˈspɛʃəlɪ〕*adv.* 特別地
   - (D) actively〔ˈæktɪvlɪ〕*adv.* 主動地；積極地
   - * driver〔ˈdraɪvə〕*n.* 駕駛人

2. (**B**) 傑克上學從不遲到。我也從不遲到。
   表「也不」，用 neither，且前句動詞為 be 動詞，故空格也應該用 be 動詞，選 (B)。
   Neither am I = I am not, either。
   * late〔let〕*adj.* 遲到的

3. (**A**) 我的朋友說澳洲是個值得去<u>遊覽</u>的好國家。
   - (A) ***visit***〔ˈvɪzɪt〕*v.* 遊覽；拜訪　(B) join〔dʒɔɪn〕*v.* 參加
   - (C) think〔θɪŋk〕*v.* 想；認為　(D) pay〔pe〕*v.* 付錢
   - * Australia〔ɔˈstreljə〕*n.* 澳洲　　nice〔naɪs〕*adj.* 好的
     country〔ˈkʌntrɪ〕*n.* 國家

4. (**A**) 伊索寓言是動物的故事，教導人們重要的教訓。
   先行詞 animal stories 是「事物」，關代須用 which 或 that，故 (C) (D) 不合。且 animal stories 為複數名詞，須用複數動詞，故選 (A)。
   * fable〔ˈfebḷ〕*n.* 寓言　　***Aesop's fables*** 伊索寓言
     lesson〔ˈlɛsṇ〕*n.* 教訓　　***teach*** *sb.* ***a lesson*** 給某人一個教訓

5. (**A**) 當我打電話來的時候，湯姆正在吃晚餐。
   依句意，表「在過去某個時間正在進行的動作」，應用過去進行式，即「was/were + 現在分詞」。
   * ***have dinner*** 吃晚餐　　bake〔bek〕*v.* 烘焙
     paint〔pent〕*v.* 油漆

6. (**A**) 我的老師告訴我,如果我想當醫生,就必須研讀醫學。
   (A) **science** 〔'saɪəns 〕 *n.* 科學 **medical science** 醫學
   (B) novel 〔'nɑvḷ 〕 *n.* 小說
   (C) music 〔'mjuzɪk 〕 *n.* 音樂
   (D) sport 〔 sport 〕 *n.* 運動
   * medical 〔'mɛdɪkḷ 〕 *adj.* 醫藥的

7. (**C**) 當你要很晚回家時,<u>務必</u>要告訴你的父母;否則,他們會很擔心你。
   (A) huge 〔 hjudʒ 〕 *adj.* 巨大的 (↔ *small*)
   (B) fresh 〔 frɛʃ 〕 *adj.* 新鮮的
   (C) **sure** 〔 ʃur 〕 *adj.* 確定的 **be sure to** + **V.** 一定要~
   (D) easy 〔'izɪ 〕 *adj.* 容易的
   * otherwise 〔'ʌðə͵waɪz 〕 *adv.* 否則 **be worried about** 擔心

8. (**B**) 我想要比爾馬上過來。
   $\left\{ \begin{array}{l} \textit{would like} + \textit{sb.} + \textit{to V.} \text{ 想要某人~} \\ = \textit{want} + \textit{sb.} + \textit{to V.} \end{array} \right.$
   * language 〔'læŋgwɪdʒ 〕 *n.* 語言 **right away** 馬上

9. (**C**) 海倫搬進去住的房子離我們學校不遠。
   關代 which 引導形容詞子句,修飾先行詞 the house,在形容詞子句中,which 代替先行詞,做 moved into 的受詞。
   * **move into** 搬進去 (住)

10. (**C**) 昨天晚上,大衛在回家途中掉進了一個洞裡。那真是一個<u>尷尬的</u>經驗。
   (A) embarrassed 〔 ɪm'bærəst 〕 *adj.* (人) 感到尷尬的
   (B) excited 〔 ɪk'saɪtɪd 〕 *adj.* (人) 感到興奮的
   (C) **embarrassing** 〔 ɪm'bærəsɪŋ 〕 *adj.* (事) 令人尷尬的
   (D) exciting 〔 ɪk'saɪtɪŋ 〕 *adj.* (事) 刺激的
   * fall 〔 fɔl 〕 *v.* 掉落 hole 〔 hol 〕 *n.* 洞
   on *one's* **way home** 在某人回家途中
   experience 〔 ɪk'spɪrɪəns 〕 *n.* 經驗

📖 TEST 12 ◆ 詳解

1. (**B**) 每餐飯後，我習慣喝<u>茶</u>。
   (A) seafood〔'si,fud〕*n.* 海鮮
   (B) *tea*〔ti〕*n.* 茶
   (C) vegetable〔'vɛdʒətəbḷ〕*n.* 蔬菜
   (D) fruit〔frut〕*n.* 水果
   * *be used to + V-ing* 習慣於～ 　　 meal〔mil〕*n.* 一餐

2. (**C**) 這本書太好了，所以我捨不得放下來。
   so…that～ 如此…以致於～
   was 爲 be 動詞，須接形容詞，故 (B) (D) 不合。又 was 爲過去式動詞，故 that 子句也須用過去式動詞，選 (C)。
   * *put down* 放下

3. (**C**) 要成爲一個好的學習者，秘訣之一就是上課前先<u>預習</u>新課程。
   (A) review〔rɪ'vju〕*v.* 複習　　　(B) own〔on〕*v.* 擁有
   (C) *preview*〔pri'vju〕*v.* 預習　　(D) wake〔wek〕*v.* 叫醒
   * tip〔tɪp〕*n.* 祕訣

4. (**D**) 如果我累了，我會去散步。
   表「與現在事實相反的假設」，主要子句動詞用「would/should/could/might + 原形 V.」，故 (A) (C) 不合。而 (B)「stop + V-ing」表「停止做某事」，故句意不合，故選 (D)。
   * tired〔taɪrd〕*adj.* 疲累的 　　 *take a rest* 休息
   go for a walk 散步（= *take a walk*）

5. (**A**) 我的一隻手是乾淨的，但另外一隻卻不是。
   只有兩者的情況，一個用 *one*，另一個用 *the other*。
   而 (B) another「（三者以上）另一個」，(C) each other「<u>互相</u>」，(D) other「其他的」，均不合句意。
   * clean〔klin〕*adj.* 乾淨的

6. (**B**) 你可以告訴我在哪裡可以買到新皮夾嗎？我的皮夾昨天晚上在電影院遺失了。

    (A) paint〔pent〕*n.* 油漆

    (B) ***wallet***〔'wɑlɪt〕*n.* 皮夾

    (C) credit card〔'krɛdɪt ‚kɑrd〕*n.* 信用卡

    (D) nap〔næp〕*n.* 小睡

7. (**A**) 如果我用功一點，我相信我考試會得到較好的成績。

    (A) ***better***〔'bɛtɚ〕*adj.* 較好的（good 的比較級）

    (B) worse〔wɝs〕*adj.* 較差的（bad 的比較級）

    (C) best〔bɛst〕*adj.* 最好的（good 的最高級）

    (D) worst〔wɝst〕*adj.* 最差的（bad 的最高級）

    *believe〔bɪ'liv〕*v.* 相信　　grade〔gred〕*n.* 成績

8. (**A**) 今天早上，媽媽叫我去麵包店買一條麵包。

    (A) ***loaf***〔lof〕*n.* 條

    (B) glass〔glæs〕*n.* 杯

    (C) carton〔'kɑrtn̩〕*n.* 紙盒

    (D) can〔kæn〕*n.* 罐

    *bakery〔'bekərɪ〕*n.* 麵包店

9. (**A**) 每個人都希望得到的獎，最後頒給了約翰。

    ***go to*~** （獎）頒給~

    此句空格應填入動詞，又從形容詞子句 that everybody wished to get 中得知，須用過去式動詞，故選 (A)。

    *prize〔praɪz〕*n.* 獎；獎品　　finally〔'faɪnl̩ɪ〕*adv.* 最後

10. (**C**) 凱西總是喜歡在睡覺前收聽英文廣播電台。

    (A) want to V. 想要~

    (B) need to V. 需要~

    (C) ***enjoy V-ing*** 喜歡~

    (D) have to V. 必須~

    listen to 傾聽　　***radio station*** 廣播電台

📖 TEST 13 ◆ 詳解

1. (**D**) 只要你<u>專心</u>學習，學習語言並不難。
   (A) come on 好啦；趕快 　　(B) wait on 服侍
   (C) call on 拜訪（某人）　　(D) ***concentrate on*** 專心於
   ＊difficult〔ˈdɪfəˌkʌlt〕*adj.* 困難的　　***as long as*** 只要
   　studies〔ˈstʌdɪz〕*n. pl.* 學習

2. (**C**) 他上一次去紐約旅行時，發生了一件有趣的事。
   「*sth.* + ***happen to*** + *sb.*」表「某人遇到某事」，須以「事」做
   主詞，且無被動語態。又修飾 something 的形容詞，要置於
   something 之後，做後位修飾，故選 (C)。
   ＊last〔læst〕*adj.* 上一個　　trip〔trɪp〕*n.* 旅行
   　interesting〔ˈɪntrɪstɪŋ〕*adj.* 有趣的

3. (**D**) 我咖啡剛剛<u>用完</u>。等一下我要去買一<u>些</u>。
   (A) run by （無此用法）
   (B) run after 追趕
   (C) run into 偶然遇到（= *bump into*）
   (D) ***run out of*** 用完
   ＊get〔gɛt〕*v.* 買　　later〔ˈletɚ〕*adv.* 稍後

4. (**A**) 瑞貝卡的丈夫已經過世十年了。
   「for + 一段時間」表「持續～」，須與現在完成式連用，故 (C)
   (D) 不合。die〔daɪ〕*v.* 死亡 表「死亡的動作」，為瞬間的動作，
   不可用完成式，故選 (A) dead〔dɛd〕*adj.* 死的，表「死亡的狀態」，
   為持續的性質。
   本句也可說成：Rebecca's husband died ten years ago.

5. (**C**) 我們的英文老師，林老師，明天將帶我們去動物園。
   our English teacher 做 Mr. Lin 的同位語。
   (A)(B)(D) 須改為 who is our English teacher。
   ＊zoo〔zu〕*n.* 動物園

6. (**C**) 大部分的人喜歡<u>週末</u>，因為他們不需要上學或上班。他們可以放鬆一下。

(A) church〔tʃɝtʃ〕n. 教堂
(B) envelope〔'ɛnvə‚lop〕n. 信封
(C) *weekend*〔'wik‚ɛnd〕n. 週末
(D) experience〔ɪk'spɪrɪəns〕n. 經驗

*relax〔rɪ'læks〕v. 放鬆

7. (**D**) 當我哥哥在紐西蘭讀書時，他喜歡在有空的時候讀英文<u>小說</u>。

(A) court〔kɔrt〕n.（網球）球場
(B) question〔'kwɛstʃən〕n. 問題
(C) envelope〔'ɛnvə‚lop〕n. 信封
(D) *novel*〔'nɑvḷ〕n. 小說

*New Zealand〔‚nju'zilənd〕n. 紐西蘭
in one's free time 在某人有空時

8. (**B**) 很多乘客<u>下</u>捷運時，會忘記拿他們的東西。

(A) get on 上（車）（可站立或走動的大型交通工具，如公車、火車、飛機。）
(B) *get off* 下（車）（加大型交通工具）
(C) get in 上（車）（只能坐在其中的小型交通工具，如汽車、計程車。）
(D) get out of 下（車）（加小型交通工具）

*passenger〔'pæsṇdʒɚ〕n. 乘客　*forget to V.* 忘記去～

9. (**A**) 她是個有趣的人。我們全都喜歡和她說話。

enjoy + V-ing 喜歡

*interested〔'ɪntrɪstɪd〕adj. 感興趣的

10. (**A**) 瑪麗對打棒球沒興趣。她總是覺得棒球很<u>無聊</u>。

(A) *bored*〔bord〕adj. 無聊的 < with >
(B) active〔'æktɪv〕adj. 主動的；積極的 < in >
(C) excited〔ɪk'saɪtɪd〕adj. 興奮的 < by >
(D) satisfied〔'sætɪs‚faɪd〕adj. 滿意的 < with >

**be interested in* 對～有興趣

📖 TEST 14 ◆ 詳解

1. (**B**) 玩電腦遊戲讓很多年輕學生感興趣。

依句意，「使～感興趣」，須用 interest，且因動名詞當主詞，
視爲單數，須用單數動詞，故選 (B)。

$$\begin{cases} sth. + interest + sb. \text{ 某人對某事感興趣} \\ = sb. + be \ interested \ in + sth. \\ = sth. + be \ interesting \ to + sb. \end{cases}$$

故 (C) (D) 須改爲 is interesting to。

*computer〔kəmˈpjutɚ〕n. 電腦

2. (**A**) 我不知道該怎麼辦。

空格應填名詞子句或名詞片語，做 know 的受詞，故選 (A) **what
to do**。「疑問詞 + 不定詞」形成名詞片語。而 (B) 須改爲 how to
do it，因爲 how 沒有代名作用，須補上 it，做 do 的受詞，又名
詞子句爲間接問句，主詞與動詞不須倒裝，故 (C) 須改爲 where
she is，(D) 須改爲 when he left。

*leave〔liv〕v. 離開

3. (**C**) 在這裡左轉是違法的，所以我們必須沿著這條街一直走。

(A) fast〔fæst〕adj. 快速的
(B) helpful〔ˈhɛlpfəl〕adj. 有幫助的
(C) **illegal**〔ɪˈligl̩〕adj. 違法的
(D) useful〔ˈjusfəl〕adj. 有用的

***turn left** 左轉　　**go along the street** 沿著街走

4. (**B**) 我問那位外國人，她是否會說中文。

if 引導名詞子句，表「是否」，做 ask 的直接受詞。

*foreigner〔ˈfɔrɪnɚ〕n. 外國人

5. (**B**) 這點很重要。請仔細聽。

(A) watch〔wɑtʃ〕v. 觀賞　　　(B) **listen**〔ˈlɪsn̩〕v. 傾聽 < to >
(C) feel〔fil〕v. 感覺　　　　　(D) hear〔hɪr〕v. 聽見

　　　*important〔ɪmˋpɔrtn̩t〕adj. 重要的
　　　carefully〔ˋkɛrfəlɪ〕adv. 仔細地；小心地

6. (**A**) A：你有去過香港嗎？

　　　　　B：沒有，但是我想去。聽說那裡不錯。

　　　　依句意，表「從過去到現在的經驗」，須用現在完成式，故 (B)(D)
　　　　不合。

　　　　$\begin{cases} \textbf{\textit{have been to}} & 曾經去過（表經驗）\\ \textbf{\textit{have gone to}} & 已經去了（尚未回來）\end{cases}$

7. (**B**) 你覺得學數學比學英文難嗎？

　　　　(A) while〔hwaɪl〕conj. 當～的時候
　　　　(B) **than**〔ðæn〕conj. 比
　　　　(C) then〔ðɛn〕adv. 然後
　　　　(D) that〔ðæt〕pron. 那個
　　　　*math〔mæθ〕n. 數學（= mathematics〔͵mæθəˋmætɪks〕）

8. (**A**) 我計劃明年冬天，要和我最好的朋友去澳洲的很多地方遊覽。

　　　　(A) **plan**〔plæn〕v. 計劃　　　(B) catch〔kætʃ〕v. 捕捉
　　　　(C) walk〔wɔk〕v. 走路　　　　(D) play〔ple〕v. 玩
　　　　*visit〔ˋvɪzɪt〕v. 遊覽　　Australia〔ɔˋstreljə〕n. 澳洲

9. (**A**) 每個人都知道，一小時有六十分鐘，一天有二十四小時。

　　　　(A) **minute**〔ˋmɪnɪt〕n. 分　　　(B) second〔ˋsɛkənd〕n. 秒
　　　　(C) museum〔mjuˋziəm〕n. 博物館
　　　　(D) color〔ˋkʌlɚ〕n. 顏色
　　　　*hour〔aur〕n. 小時

10. (**A**) 當我的家人有空時，我們喜歡一起去游泳。

　　　　(A) **free**〔fri〕adj. 空閒的
　　　　(B) special〔ˋspɛʃəl〕adj. 特別的
　　　　(C) different〔ˋdɪfərənt〕adj. 不同的
　　　　(D) busy〔ˋbɪzɪ〕adj. 忙碌的
　　　　*family〔ˋfæməlɪ〕n. 家人　　　**go + V-ing** 去～

📖 TEST 15 ◆ 詳解

1. (**B**) 有些和我一起工作的人非常友善。

　　are 為複數動詞，主詞須為複數，故 (A) 不合。又 people 作「人」
　　解時，為複數名詞，字尾不加 s，故 (C) 不合。be 動詞之後的補語
　　須用形容詞，故 (D) 不合，選 (B)。
　　*quickly〔'kwɪklɪ〕*adv.* 快速地
　　　friendly〔'frɛndlɪ〕*adj.* 友善的
　　　carefully〔'kɛrfəlɪ〕*adv.* 小心地
　　　strangely〔'strendʒlɪ〕*adv.* 奇怪地

2. (**B**) 我的手錶不動了。我想再買一只。

　　同種類的名詞，指不特定的另一個，用 ***another one***。本句中，
　　another one = another watch。而 (A) the other one「（二者中）
　　另一個」，(C) it 則指前面提過的「同一個」，故句意不合。
　　*run〔rʌn〕*v.* 運轉

3. (**B**) 唐娜決定要嫁給我弟弟，班。

　　decide to + V. 決定
　　$\left\{\begin{array}{l}\textbf{\textit{get married to }} sb.\text{ 和某人結婚}\\ = \textbf{\textit{be married to }} sb.\\ = \textbf{\textit{marry }} sb.\end{array}\right.$
　　（不可說成 *get married with sb.*）

4. (**C**) 人們通常把錢放在錢包裡。

　　(A) show〔ʃo〕*n.* 表演　　　　(B) stamp〔stæmp〕*n.* 郵票
　　(C) ***purse***〔pɝs〕*n.* 錢包
　　(D) wine〔waɪn〕*n.* 酒（尤指葡萄酒）

5. (**A**) 我的老師在課堂上唱了一首英文歌曲「昨日重現」。每個人都為
　　她歡呼。

　　(A) ***song***〔sɔŋ〕*n.* 歌曲　　　(B) sentence〔'sɛntəns〕*n.* 句子
　　(C) speaker〔'spikɚ〕*n.* 說話者；演講者

(D) station〔'steʃən〕*n.* 車站

once more 再一次　　cheer〔tʃɪr〕*v.* 歡呼

6. (**D**) 台北的人必須每天準時把垃圾<u>拿出去</u>。一旦他們錯過垃圾收集車，就必須等到第二天。

(A) take away 帶走

(B) take off 脫掉（↔ *put on* 穿上）

(C) take care of 照顧

(D) *take out* 拿出去

garbage〔'gɑrbɪdʒ〕n. 垃圾（= *trash*）　　*on time* 準時

miss〔mɪs〕*v.* 錯過　　*garbage collection truck* 垃圾收集車

7. (**A**) 對我爸爸來說，每天晚上最快樂的時光就是收看電視<u>新聞</u>。

(A) *news*〔njuz〕*n.* 新聞

(B) kite〔kaɪt〕*n.* 風箏

(C) cook〔kʊk〕*n.* 廚師

(D) subject〔'sʌbdʒɪkt〕*n.* 科目

8. (**B**) 除了課後複習課業，你還可以藉著問<u>問題</u>學得更多而且更好。

(A) answer〔'ænsɚ〕*n.* 回答；答案

(B) *question*〔'kwɛstʃən〕*n.* 問題

(C) vegetable〔'vɛdʒətəbl̩〕*n.* 蔬菜

(D) bookstore〔'bʊk‚stor〕*n.* 書店

besides〔bɪ'saɪdz〕prep. 除了～之外　　review〔rɪ'vju〕*v.* 複習

after class 下課後；放學後　　*by + V-ing* 藉著～

9. (**D**) 如果你在學習方面更<u>積極</u>，你就會成為一個很好的學習者。

(A) forgetful〔fɚ'gɛtfəl〕*adj.* 健忘的

(B) difficult〔'dɪfə‚kʌlt〕*adj.* 困難的

(C) different〔'dɪfərənt〕*adj.* 不同的

(D) *active*〔'æktɪv〕*adj.* 積極的；主動的

10. (**C**) 那位留長頭髮、穿著藍色牛仔褲的女孩，是我的同班同學。

介系詞 *with* 表「有」，*in* 則表「穿著」。

blue jeans 牛仔褲

📖 TEST 16 ◆ 詳解

1. (**A**) 我<u>建議</u>搭火車去那裡。
   (A) *suggest* 〔 səˈdʒɛst 〕 v. 建議
   (B) cross 〔 krɔs 〕 v. 橫越
   (C) lose 〔 luz 〕 v. 失去
   (D) add 〔 æd 〕 v. 增加

2. (**D**) <u>當外面下雨的時候</u>，孩子們就會穿上他們的雨衣。
   (A) before 〔 bɪˈfor 〕 conj. 在～之前
   (B) after 〔 ˈæftɚ 〕 conj. 在～之後
   (C) then 〔 ðɛn 〕 adv. 然後
   (D) *when* 〔 hwɛn 〕 conj. 當～的時候
   *put on 穿上　　raincoat 〔 ˈren͵kot 〕 n. 雨衣
   rain 〔 ren 〕 v. 下雨　　outside 〔 ˈaʊt͵saɪd 〕 adv. 外面

3. (**D**) 我被迫等了好幾個鐘頭。
   make 為使役動詞，其被動語態，不定詞的 to 須保留。
   **be made to V.* 被迫

4. (**B**) 在台北，春天時下很多雨。
   「下很多雨」的表達方式有：
   ⎧ We have a lot of rain. (rain 是不可數名詞)
   ⎪ = We have much rain.
   ⎨ There is a lot of rain. (rain 是不可數名詞)
   ⎪ = There is much rain.
   ⎩ It rains a lot. (rain 是動詞)

5. (**A**) 先生，您現在<u>準備好</u>要點餐了嗎？
   (A) *ready* 〔 ˈrɛdɪ 〕 adj. 準備好的
   (B) far 〔 fɑr 〕 adj. 遠的
   (C) kind 〔 kaɪnd 〕 adj. 仁慈的
   (D) busy 〔 ˈbɪzɪ 〕 adj. 忙碌的

*order〔'ɔrdə〕v. 點(餐)

6. (**A**) 今天我們舉行班級同樂會;桌上所有的食物都是<u>免費的</u>。
 (A) **free**〔fri〕adj. 免費的
 (B) light〔laɪt〕adj. 輕的;清淡的
 (C) weekly〔'wiklɪ〕adj. 每週的
 (D) fast〔fæst〕adj. 快的

7. (**A**) 我討厭花時間和人們一直不斷講話。
 keep + V-ing 持續
 ***all the time** 一直

8. (**C**) 我的朋友當中,有些昨天和你一起講話的人非常親切而且友善。
 先行詞是人,且須做動詞 spoke 的受詞,故關代用受格 whom,
 但 speak 爲不及物動詞,接受詞前須接介系詞 to,故選 (C)。
 (B) 不合,that 作關代時前面不可放介系詞。
 *friendly〔'frɛndlɪ〕adj. 友善的

9. (**B**) 我會帶你在博物館中到處參觀。請<u>跟</u>著我往這邊走。
 (A) find〔faɪnd〕v. 發現
 (B) **follow**〔'falo〕v. 跟隨;遵循
 (C) feel〔fil〕v. 感覺
 (D) forget〔fə'gɛt〕v. 忘記
 ***show** sb. **around** 帶某人參觀 way〔we〕n. 方向

10. (**C**) 林教練說如果你不多練習打籃球,就不能<u>參加</u>籃球隊了。
 (A) use〔juz〕v. 使用
 (B) want〔want〕v. 想要
 (C) **join**〔dʒɔɪn〕v. 參加
 (D) avoid〔ə'vɔɪd〕v. 避免
 *coach〔kotʃ〕n. 教練 **practice + V-ing** 練習~
 team〔tim〕n. 隊伍

📖 TEST 17 ◆ 詳解

1. (**B**) 約翰和比爾想要兩<u>杯</u>熱咖啡。
 (A) glass〔glæs〕*n.* 玻璃杯
 (B) *cup*〔kʌp〕*n.* 咖啡杯
 (C) bowl〔bol〕*n.* 碗
 (D) bottle〔'batḷ〕*n.* 瓶子
 would like 想要

2. (**C**) 媽媽喜歡在下班後聽一些音樂。
 listen to 聽
 enjoy + V-ing 喜歡
 after work 下班後

3. (**D**) 做這功課對我來說很<u>容易</u>。
 (A) fast〔fæst〕*adj.* 快的
 (B) friendly〔'frɛndlɪ〕*adj.* 友善的
 (C) weak〔wik〕*adj.* 虛弱的
 (D) *easy*〔'izɪ〕*adj.* 容易的

4. (**B**) 你如果想早點到那裡的話，就早點起床。
 (A) 須改為 or you'll miss the bus（否則你就會錯過公車），
 (C) 須改為 or you'll be late for school（否則你上學就會遲到），
 (D) 否則你會搭錯公車，則句意不合。
 本句也可說成：Get up early, and you'll get there early.

5. (**D**) 我聽見她正在唱歌，哄她的嬰兒入睡。
 hear 為感官動詞，其用法為：
 hear + 受詞 + $\begin{cases} \text{原形 V.（表主動）} \\ \text{V-ing（表主動進行）} \\ \text{p.p.（表被動）} \end{cases}$
 依句意為主動，故空格應填 sing 或 singing，選 (D)。
 put sb. to sleep 使某人入睡

6. (**A**) 我認爲尋找問題的<u>答案</u>，是學習很重要的一個部分。
    (A) *answer*〔'ænsɚ〕 *n.* 答案
    (B) apple〔'æpl̩〕 *n.* 蘋果
    (C) address〔ə'drɛs〕 *n.* 地址
    (D) accident〔'æksədənt〕 *n.* 意外；車禍

7. (**C**) 陳先生在理解他的小孩方面，遇到越來越多的困難。

$$have \begin{cases} trouble \\ difficulty \\ problems \\ a\ hard\ time \end{cases} + (in) + V\text{-}ing \quad \sim 有困難$$

    * *more and more* 越來越多的

8. (**C**) 我不明白爲什麼小孩子不喜歡<u>蔬菜</u>，像是紅蘿蔔。
    (A) meat〔mit〕 *n.* 肉
    (B) milk〔mɪlk〕 *n.* 牛奶
    (C) *vegetable*〔'vɛdʒətəbl̩〕 *n.* 蔬菜
    (D) coffee〔'kɔfɪ〕 *n.* 咖啡
    * understand〔ˌʌndɚ'stænd〕 *v.* 了解   *such as* 像是
    carrot〔'kærət〕 *n.* 紅蘿蔔

9. (**B**) 小孩子不應該在河裡游泳，因爲可能會不<u>安全</u>。
    (A) dangerous〔'dendʒərəs〕 *adj.* 危險的
    (B) *safe*〔sef〕 *adj.* 安全的
    (C) careful〔'kɛrfəl〕 *adj.* 小心的
    (D) expensive〔ɪk'spɛnsɪv〕 *adj.* 昂貴的
    * river〔'rɪvɚ〕 *n.* 河

10. (**C**) 我沒有事先問他，就拿走他的筆。
    without「沒有」爲介系詞，其後須接名詞或動名詞。
    (A) 須改爲…without asking him first.
    (B) 須改爲 I took his pen and didn't ask him first.
    (D) 須改爲 I didn't take his pen without asking him first.
    （我每次拿他的筆都會事先問他。）
    * *at first* 起初

📖 TEST 18 ◆ 詳解

1. (**A**) 今天天氣比昨天**熱**。我現在真的很想去游泳。
 (A) ***hot***〔hɑt〕*adj.* 熱的
 (B) thin〔θɪn〕*adj.* 薄的
 (C) fat〔fæt〕*adj.* 胖的
 (D) big〔bɪg〕*adj.* 大的
 * weather〔'wɛðɚ〕*n.* 天氣　　***right now*** 現在

2. (**C**) 「你多久洗一次澡？」「每天洗。」
 How often 「多久一次」，是問頻率。
 (A) When「何時」，(B) How long「（時間）持續多久」，
 (D) What day「星期幾」，皆不合句意。
 * ***take a shower*** 淋浴（ = *have a shower* ）

3. (**B**) 彼得發覺鮑伯看起來不太快樂。
 連綴動詞 look 須接形容詞作補語，故 (C)(D) 不合。
 又 look 的否定形式，是前面加助動詞的否定 don't 或 didn't，
 依句意，為過去式，故選 (B)。

4. (**A**) 我必須在天**黑**之前回家。
 (A) ***dark***〔dɑrk〕*adj.* 黑暗的
 (B) messy〔'mɛsɪ〕*adj.* 亂七八糟的
 (C) close〔klos〕*adj.* 接近的
 (D) real〔'riəl〕*adj.* 真正的

5. (**B**) 你知道他何時會回來嗎？
 空格應填名詞子句或名詞片語，做 know 的受詞。
 又名詞子句為間接問句，其主詞與動詞不須倒裝，故選 (B)。
 而 (A) 須改為 where the road goes，(C) 疑問副詞 how 沒有代
 名作用，故須改為 how to do it，(D) why 不能用於名詞片語的
 句型，故須改為 why you study English。
 * road〔rod〕*n.* 道路　　go〔go〕*v.* 通往

6. (**D**) 我不相信我表弟長<u>高</u>了。去年我見到他時，他還很矮。

    (A) long〔lɔŋ〕*adj.* 長的

    (B) pretty〔'prɪtɪ〕*adj.* 漂亮的

    (C) fast〔fæst〕*adj.* 快的

    (D) *tall*〔tɔl〕*adj.* 高的

    *cousin〔'kʌzn̩〕*n.* 表（堂）兄弟姊妹　　　short〔ʃɔrt〕*adj.* 矮的

7. (**B**) 如果你的一隻手裝滿了東西，你可以用另外一隻來開門。

    只有兩者的情況，一個用 *one*，另一個則用 *the other*。

    而 (A) other「其他的」，(C) others 則用於「some…others～」

    的句型，表「有些…有些～」，(D) another「（三者以上）另一個」，

    均不合句意。

    *full〔fʊl〕*adj.* 滿的

8. (**B**) 數學老師很生氣，因為有一些同學期中考沒考<u>好</u>。

    (A) wait for 等待

    (B) *do well on* ～考得好

    (C) forget about 忘記

    (D) listen to 傾聽

    *math〔mæθ〕*n.* 數學　　　*mid-term exam* 期中考

9. (**B**) 說些好聽的話來討好你的老闆是沒有用的。

    ⎧ *It's no use + V-ing* ～是沒有用的

    ⎩ = *There's no use + (in) + V-ing*

    *sweet〔swit〕*adj.* 甜的；讓人高興的　　　please〔pliz〕*v.* 取悅

    boss〔bɔs〕*v.* 老闆

10. (**A**) 人們如果有機會到其他國家，就能夠<u>體驗</u>一下不同的文化。

    (A) *experience*〔ɪk'spɪrɪəns〕*v.* 體驗；經歷

    (B) preview〔pri'vju〕*v.* 預習

    (C) become〔bɪ'kʌm〕*v.* 變成

    (D) concentrate〔'kɑnsn̩,tret〕*v.* 專心 < *on* >

    *culture〔'kʌltʃɚ〕*n.* 文化　　　chance〔tʃæns〕*n.* 機會

📖 TEST 19 ◆ 詳解

1. (**A**) 他的鑰匙在這裡。

> Here + V. + S. (一般名詞)
> 如：Here comes the bus. (公車來了。)
> Here + S. (代名詞) + V.
> 如：Here you are. (你要的東西在這裡；拿去吧。)

故 (B) 須改為 Here he comes. (C) 須改為 Here she comes. 或 There she goes. (D) 須改為 Here you are.

2. (**A**) 我長大以後要當科學家。

(A) **grow up** 長大
(B) get up 起床
(C) go up 上升
(D) give up 放棄

*scientist〔'saɪəntɪst〕n. 科學家

3. (**C**) 西藏被稱為「世界的屋脊」。

(A) house〔haʊs〕n. 房子
(B) town〔taʊn〕n. 城鎮
(C) **roof**〔ruf〕n. 屋頂
(D) sky〔skaɪ〕n. 天空

*Tibet〔tɪ'bɛt〕n. 西藏

4. (**B**) 你的毛衣髒了。你為什麼不把它脫掉呢？

take off「脫掉」，受詞為代名詞時，須置於中間，受詞為一般名詞時，則可置於中間或置於最後，故選 (B) **take it off** (= *take off the sweater* = *take the sweater off*)。

*sweater〔'swɛtə〕n. 毛衣　　dirty〔'dɝtɪ〕adj. 髒的

5. (**A**) 颱風結束了。我們可以出去玩。

(A) **over**〔'ovə〕adj. 結束的
(B) finish〔'fɪnɪʃ〕v. 完成
(C) already〔ɔl'rɛdɪ〕adv. 已經
(D) far〔fɑr〕adj. 遠的

*typhoon〔taɪ'fun〕n. 颱風

6. (**C**) A：那場車禍中有十個人死亡。

B：噢，那眞是太可怕了。

(A) great〔gret〕*adj.* 很棒的

(B) interesting〔'ɪntrɪstɪŋ〕*adj.* 有趣的

(C) *terrible*〔'tɛrəbḷ〕*adj.* 可怕的

(D) expensive〔ɪk'spɛnsɪv〕*adj.* 昂貴的

*be killed （因意外而）死亡

accident〔'æksədənt〕*n.* 車禍；意外

7. (**B**) A：我要如何到火車站？

B：你可以搭 5 號公車。

(A) stop〔stɑp〕*n.* 公車站

(B) *station*〔'steʃən〕*n.* 車站　*train station* 火車站

(C) student〔'stjudənt〕*n.* 學生

(D) store〔stor〕*n.* 商店

*get to 到達　　number〔'nʌmbɚ〕*n.* 號碼

8. (**C**) 重要比賽的門票不容易買到。

依句意爲被動語態，即「be 動詞 + p.p.」的形式，且修飾動詞須用副詞，故選 (C) *are not easily bought*。

*important〔ɪm'pɔrtn̩t〕*adj.* 重要的　　game〔gem〕*n.* 比賽

9. (**B**) 一位警官正在街上追趕一個年輕人。

(A) parent〔'pɛrənt〕*n.* 雙親之一

(B) *police*〔pə'lis〕*n.* 警察　*police officer* 警官

(C) prescription〔prɪ'skrɪpʃən〕*n.* 處方箋

(D) popular〔'pɑpjələ〕*adj.* 受歡迎的

*run after 追趕　　*on the street* 在街上

10. (**D**) 眞好笑！她今天穿得像棵聖誕樹一樣。

(A) fake〔fek〕*adj.* 仿冒的

(B) famous〔'feməs〕*adj.* 有名的　　(C) fast〔fæst〕*adj.* 快的

(D) *funny*〔'fʌnɪ〕*adj.* 好笑的

*dress〔drɛs〕*v.* 打扮；穿著　　*Christmas tree* 聖誕樹

📖 TEST 20 ◆ 詳解

1. (**B**) 正確的飲食習慣對我們的健康有益。

correct eating habits 為複數名詞，須用複數動詞，又 good 為
形容詞，須用 be 動詞，故選 (B)。

　*correct〔kəˋrɛkt〕adj. 正確的　　habit〔ˋhæbɪt〕n. 習慣
　　be good for 對～有益　　health〔hɛlθ〕n. 健康

2. (**B**) 這隻可憐的狗太<u>虛弱</u>了，以致於站不起來。牠一定是生病了。

　(A) strong〔strɔŋ〕adj. 強壯的
　(B) ***weak***〔wik〕adj. 虛弱的
　(C) thirsty〔ˋθɝstɪ〕adj. 渴的
　(D) little〔ˋlɪtl̩〕adj. 小的

　*poor〔pur〕adj. 可憐的　　***too…to~*** 太…以致於不能~
　　must〔mʌst〕aux. 一定

3. (**C**) 你應該早點來的，電視播出的演唱會很棒。

　should have + p.p.「早該～」表「過去該做而未做」。

　*concert〔ˋkɑnsɝt〕n. 演唱會；音樂會
　　great〔gret〕adj. 很棒的

4. (**B**) 你<u>照亮</u>了我的生命，讓我很快樂。

　(A) turn〔tɝn〕v. 轉動
　(B) ***light***〔laɪt〕v. 照亮　***light up*** 照亮
　(C) hit〔hɪt〕v. 撞上
　(D) laugh〔læf〕v. 笑

　*life〔laɪf〕n. 生命；人生

5. (**D**) <u>起初</u>，珍妮喜歡大衛，但她現在不喜歡了。

　(A) all〔ɔl〕n. 全部
　(B) better〔ˋbɛtɚ〕adj. 較好的
　(C) most〔most〕n. 大部分　at most 最多
　(D) ***first***〔fɝst〕n. 開始　***at first*** 起初

6. (**C**) 一個突然的聲音嚇到那個小男孩,所以他開始哭了起來。
   (A) come〔kʌm〕v. 來 　　　(B) camp〔kæmp〕v. 露營
   (C) *cry*〔kraɪ〕v. 哭 　　　(D) clean〔klin〕v. 打掃
   *sudden〔'sʌdn̩〕adj. 突然的
   noise〔nɔɪz〕n. 噪音;東西的聲音
   scare〔skɛr〕v. 使驚嚇　　 start〔stɑrt〕v. 開始

7. (**D**) 舉例來說,我們老師總是告訴我們不要把垃圾丟在地板上。
   throw〔θro〕v. 丟
   ⎰ *tell sb. to V.* 告訴某人做
   ⎱ *tell sb. not to V.* 告訴某人不要做
   不定詞的否定,否定的字須放在不定詞前面。
   **for example* 例如 　　 trash〔træʃ〕n. 垃圾
   floor〔flor〕n. 地板

8. (**B**) 只要你做完功課,你就可以玩電動玩具。
   (A) feel〔fil〕v. 覺得
   (B) *finish*〔'fɪnɪʃ〕v. 完成　 *finish + V-ing* 完成～
   (C) forget〔fɚ'gɛt〕v. 忘記　　(D) follow〔'falo〕v. 遵循;跟隨
   **computer games* 電動玩具 　　 *as long as* 只要

9. (**C**) 我弟弟的視力很差,因為他經常看電視。
   (A) so〔so〕conj. 所以
   (B) before〔bɪ'for〕conj. 在～之前
   (C) *because*〔bɪ'kɔz〕conj. 因為
   (D) after〔'æftɚ〕conj. 在～之後
   *eyesight〔'aɪˌsaɪt〕n. 視力　 often〔'ɔfən〕adv. 時常

10. (**C**) 看完電影後,湯姆決定做他的功課,而我做我的。
    (A) his〔hɪz〕pron. 他的 (= his + N.)
    (B) hers〔hɝz〕pron. 她的 (= her + N.)
    (C) *mine*〔maɪn〕pron. 我的 (= my + N.)
    (D) yours〔jurz〕pron. 你的 (= your + N.)
    **decide to* + *V.* 決定做～

📖 TEST 21 ◆ 詳解

1.(**A**) 我的 mp3 播放器壞了。你知道哪裡可以修理？

名詞子句爲間接問句，主詞與動詞不須倒裝，故 (B) (C) 不合。
又使役動詞 have 的用法爲：

$$\text{have} + \text{受詞} + \begin{cases} \text{原形 V.（表主動）} \\ \text{p.p.（表被動）} \end{cases}$$

依句意，mp3 播放器要「被修理」，爲被動，故選 (A)。
*player〔'pleɚ〕*n.* 播放器
　broken〔'brokən〕*adj.* 故障的　　fix〔fɪks〕*v.* 修理

2.(**A**) 喬丹是一個有名的籃球選手；即使是小孩子都認得他。

(A) **famous**〔'feməs〕*adj.* 有名的（= *well-known*）
(B) high〔haɪ〕*adj.* 高的
(C) clear〔klɪr〕*adj.* 清楚的
(D) comfortable〔'kʌmfɚtəbl̩〕*adj.* 舒適的
*basketball〔'bæskɪt͵bɔl〕*n.* 籃球　　child〔tʃaɪld〕*n.* 小孩

3.(**D**) 我認爲這個問題比那個問題簡單。

(A) 最高級形容詞之前須加 the，故須改爲 Tom is the best in the class，(B) 比較級形容詞的變化：單音節的字，在字尾加 er；二音節以上的字，通常在原級前加 more，故須改爲 Mary is more beautiful than Helen. (C) 須改爲 English is harder than Chinese.
*hard〔hɑrd〕*adj.* 困難的

4.(**D**) 他今天早上吃了一些藥。

a little 一些（修飾不可數名詞）
「吃」藥，動詞用 take，不可用 eat 或 have。又 medicine 爲不可數名詞，不可加 s，故選 (D)。

5.(**D**) 我認識那個男孩，但是我不記得他的名字。

(A) forget〔fɚ'gɛt〕*v.* 忘記　　(B) call〔kɔl〕*v.* 打電話；叫

(C) think〔θɪŋk〕v. 想；認為

(D) **remember**〔rɪˈmɛmbɚ〕v. 記得；想起

6.(**A**) 湯姆英文說得很<u>好</u>，而且他所有的考試都考得很好。

(A) **good**〔gʊd〕adj. 好的

speak very good English 英文說得很好

(= *speak English very well*)

(B) well〔wɛl〕adj. 健康的　　adv. 好地

(C) easy〔ˈizɪ〕adj. 容易的

(D) old〔old〕adj. 老的

* **do well** 考得好　　test〔tɛst〕n. 考試

7.(**D**) 你人真好，告訴我到郵局的路怎麼走。

形容詞修飾後面的人，表對此人的稱讚或批評時，介系詞用 **of**。

$\begin{cases} \text{It is} + 褒貶的形容詞（描寫人）+ \text{of} + 人 + \text{to V.} \\ \text{It is} + 非人稱形容詞（描寫事）+ \text{for} + 人 + \text{to V.} \end{cases}$

* show〔ʃo〕v. 指示　　**post office** 郵局

8.(**C**) 凱西昨天晚上嘔吐。她的<u>胃</u>一定有一些問題。

(A) barber〔ˈbarbɚ〕n. 理髮師

(B) sausage〔ˈsɔsɪdʒ〕n. 香腸

(C) **stomach**〔ˈstʌmək〕n. 胃

(D) ambulance〔ˈæmbjələns〕n. 救護車

* **throw up** 嘔吐　　problem〔ˈprɑbləm〕n. 問題

9.(**D**) 我們家附近有一間製鞋<u>工廠</u>。我爸爸在那裡工作。

(A) maker〔ˈmekɚ〕n. 製造者　　(B) brand〔brænd〕n. 牌子

(C) school〔skul〕n. 學校　　(D) **factory**〔ˈfæktrɪ〕n. 工廠

* shoe〔ʃu〕n. 鞋子

10.(**B**) 考試要到了。學生們這個禮拜必須要<u>準備</u>考試。

(A) cut〔kʌt〕v. 切

(B) **prepare**〔prɪˈpɛr〕v. 準備 < *for* >

(C) order〔ˈɔrdɚ〕v. 點餐

(D) fill〔fɪl〕v. 填滿

📖 TEST 22 ◆ 詳解

1. (**D**) 蘇菲亞需要一間房子，她媽媽將會買一間給她。

　　　one 可代替前面已提過的單數、同一種類的名詞，以避免重複。
　　　本句中，one = a house。buy her one = buy one for her。

2. (**B**) 颱風過後，蔬菜的價格很高。

　　　(A) money〔ˈmʌnɪ〕*n.* 錢　　　　　(B) *price*〔praɪs〕*n.* 價格
　　　(C) amount〔əˈmaʊnt〕*n.* 數量　　(D) quality〔ˈkwɑlətɪ〕*n.* 品質
　　　*typhoon〔taɪˈfun〕*n.* 颱風　　vegetable〔ˈvɛdʒətəbḷ〕*n.* 蔬菜
　　　high〔haɪ〕*adj.* 高的（↔ low〔lo〕*adj.* 低的）

3. (**C**) 太吵了。告訴小孩們玩的時候不要太大聲。

　　　{ *tell sb. to V.* 告訴某人做
　　　{ *tell sb. not to V.* 告訴某人不要做
　　　故 (A)(B) 不合。且
　　　{ *stop + V-ing* 停止做
　　　{ *stop + to V.* 停下來，去做
　　　故選 (C)；(D) 須改為 to stop playing so loudly。
　　　*noisy〔ˈnɔɪzɪ〕*adj.* 吵鬧的
　　　loudly〔ˈlaʊdlɪ〕*adv.* 大聲地；吵鬧地

4. (**D**) 他看起來像個警官，但實際上他是個作家。

　　　(A) calendar〔ˈkæləndɚ〕*n.* 日曆
　　　(B) reflector〔rɪˈflɛktɚ〕*n.* 反射鏡
　　　(C) learner〔ˈlɝnɚ〕*n.* 學習者　　(D) *writer*〔ˈraɪtɚ〕*n.* 作家
　　　look like 看起來像　　*police officer* 警官
　　　really〔ˈriəlɪ〕*adv.* 實際上

5. (**A**) 做個好的決定真是不容易，不是嗎？

　　　never「絕不」是具有否定意味的副詞，故主要句視為否定句，
　　　附加問句須用肯定，且助動詞為 is，故選 (A)。
　　　is it? 就是 is it easy? 的省略。
　　　*decision〔dɪˈsɪʒən〕*n.* 決定　　*make a decision* 做決定

6.(**D**) 昨天晚上他的腳痛。

    (A) 須改爲 *One* beautiful morning, he came to see me.
        或 *On a* beautiful morning, …

        （「某一個」美麗的早晨，one 之前不加介系詞）

    (B) 須改爲 Do you mind *my* sitting near you?

        （依句意，加入 my，意思更明確）

    (C) 須改爲 I don't think that he will come to the party.

        （「我不認爲…」的句型中，否定字須置於 think 之前）

    * mind〔maɪnd〕*v.* 介意   hurt〔hɝt〕*v.* 疼痛（三態同形）

7.(**C**) 在台灣，沒有醫師的<u>處方箋</u>，我們不能買藥。

    (A) voice〔vɔɪs〕*n.* 聲音   (B) idea〔aɪ'diə〕*n.* 主意；想法

    (C) *prescription*〔prɪ'skrɪpʃən〕*n.* 處方箋

    (D) smile〔smaɪl〕*n.* 微笑

    * medicine〔'mɛdəsṇ〕*n.* 藥

8.(**A**) 李先生在學校是一個非常<u>重要的</u>人物。所有的學生都尊敬他。

    (A) *important*〔ɪm'pɔrtṇt〕*adj.* 重要的

    (B) illegal〔ɪ'ligḷ〕*adj.* 違法的

    (C) ideal〔aɪ'diəl〕*adj.* 理想的

    (D) identify〔aɪ'dɛntə,faɪ〕*v.* 辨認

    * respect〔rɪ'spɛkt〕*v.* 尊敬

9.(**C**) 這裡有十個問題。前三題很簡單，但其他的很難。

    有指定時，用 *the others* 表示「剩下的其餘部分」。本句中，the
    others 就等於 the other questions。而 (A) the other「（兩者中）
    另一個」，(B) others 則用於「some…others~」的句型，表「有
    些…有些~」，(D) another「（三者以上）另一個」，均不合句意。

    * quite〔kwaɪt〕*adv.* 非常地（= *very*）

10.(**D**) 王先生在他太太的眼中是個好<u>丈夫</u>，所以她叫他「白馬王子」。

    (A) worker〔'wɝkɚ〕*n.* 工人

    (B) businessman〔'bɪznɪs,mæn〕*n.* 商人

    (C) teacher〔'titʃɚ〕*n.* 老師   (D) *husband*〔'hʌzbənd〕*n.* 丈夫

    * *in one's eyes* 在某人眼中   *Mr. Right* 白馬王子

📖 TEST 23 ◆ 詳解

1. (**C**) 湯姆七歲了。他年紀夠大，可以唸<u>小學</u>了。
   (A) junior high school〔'dʒunjɚ 'haɪ ,skul〕*n.* 國中
   (B) senior high school〔'sinjɚ 'haɪ ,skul〕*n.* 高中
   (C) ***elementary school***〔,ɛlə'mɛntərɪ ,skul〕*n.* 小學
   (D) cram school〔'kræm ,skul〕*n.* 補習班
   *enough〔ə'nʌf〕*adv.* 足夠地

2. (**B**) 你看起來很累。爲何不早點回家？
   ⎰ ***Why not*** + 原形 ***V.?*** 爲何不～？
   ⎱ = ***Why don't you*** + 原形 ***V.?***
   *tired〔taɪrd〕*adj.* 疲倦的

3. (**A**) 你所必須做的就是用功讀書。
   All one has to do is + 原形 ***V.*** 某人所必須做的是

4. (**B**) 你介意我打開收音機嗎？
   mind「介意」，後接動名詞、名詞子句或 if 引導的副詞子句。
   (A) 須改爲 when he will leave，(C) 須改爲 what he says，
   (D) 須改爲 my opening the window、me opening the window
   或 if I open the window。
   ***turn on** 打開（電器）

5. (**D**) 他非常喜歡打籃球。
   enjoy + ***V-ing*** 喜歡
   ⎰ play + 運動名稱
   ⎱ play + the + 樂器名稱
   *basketball〔'bæskɪt,bɔl〕*n.* 籃球

6. (**A**) 當他很晚才回來時，他的太太冷冷地看著他。

    (A) *coldly* (ˈkoldlɪ) *adv.* 冷漠地；冷冷地

    (B) happily (ˈhæpɪlɪ) *adv.* 快樂地

    (C) suddenly (ˈsʌdn̩lɪ) *adv.* 突然地

    (D) badly (ˈbædlɪ) *adv.* 嚴重地

    *look at 看著

7. (**B**) 「哇，你戴上眼鏡很好看。這副眼鏡真時麾，」瑪麗說。

    (A) terrible (ˈtɛrəbl̩) *adj.* 糟糕的；可怕的

    (B) *fashionable* (ˈfæʃənəbl̩) *adj.* 流行的；時麾的

    (C) safe (sef) *adj.* 安全的

    (D) important (ɪmˈpɔrtn̩t) *adj.* 重要的

    *glasses (ˈglæsɪz) *n. pl.* 眼鏡

8. (**C**) 我不喜歡這個牌子的咖啡。你可以給我麥斯威爾咖啡嗎？

    (A) trade (tred) *n.* 貿易

    (B) mark (mɑrk) *n.* 記號

    (C) *brand* (brænd) *n.* 牌子

    (D) bill (bɪl) *n.* 帳單

9. (**B**) 當你外出時，別忘記要關掉瓦斯。

    $\begin{cases} \textit{forget} + \textit{to V.} \ \text{忘記去（動作未發生）} \\ \textit{forget} + \textit{V-ing} \ \text{忘記曾（動作已發生）} \end{cases}$

    *go out 外出   *turn off* 關掉   gas (gæs) *n.* 瓦斯

10. (**B**) 在冬天，天氣非常冷，強風會讓我們覺得很冷。

    (A) decorate (ˈdɛkəˌret) *v.* 裝飾

    (B) *chill* (tʃɪl) *v.* 使感到寒冷

    (C) afraid (əˈfred) *adj.* 害怕的 < of >

    (D) listen (ˈlɪsn̩) *v.* 傾聽 < to >

    *weather (ˈwɛðɚ) *n.* 天氣   wind (wɪnd) *n.* 風

📖 TEST 24 ◆ 詳解

1. (**B**) 有一個小男孩在街上哭，但是沒有人注意他。
   (A) frighten〔'fraɪtṇ〕v. 使驚嚇
   (B) **notice**〔'notɪs〕v. 注意
   (C) like〔laɪk〕v. 喜歡
   (D) listen〔'lɪsṇ〕v. 傾聽
   *cry〔kraɪ〕v. 哭　　**on the street** 在街上

2. (**C**) 吳醫師檢查過我的眼睛之後，他說我沒事。
   (A) look〔luk〕v. 看起來；注視 < *at* >
   (B) glance〔glæns〕v. 看一眼
   (C) **examine**〔ɪg'zæmɪn〕v. 檢查
   (D) watch〔watʃ〕v. 觀賞

3. (**C**) 在開始吃之前，記得要先洗手。
   (A) order〔'ɔrdə〕v. 點餐
   (B) finish〔'fɪnɪʃ〕v. 完成
   (C) **begin**〔bɪ'gɪn〕v. 開始
   (D) end〔ɛnd〕v. 結束
   ***begin to V**. 開始 (= *begin* + *V-ing*)
   remember〔rɪ'mɛmbə〕v. 記得　　wash〔waʃ〕v. 洗

4. (**A**) 我常常和她一起去上學。
   介系詞 **with** 表「和～一起」。
   (B) 須改為 by bicycle (by + 交通工具，不加冠詞)
   (C) 須改為 very quickly (副詞才能修飾動詞)
   *garden〔'gardṇ〕n. 花園

5. (**C**) 他已到了就讀高中的年齡。
   ⎰ so + 形容詞或副詞 + that 子句　　如此…以致於～
   ⎱ such + 名詞 + that 子句
   故 (A) (D) 不合。

而 enough 做副詞修飾形容詞時，須置於所修飾的形容詞之後，
多用於「*adj.* + enough + to V.」的句型，表「夠～，足以…」，
故選 (C)。

**senior high school* 高中

6. (**A**) 懷特太太生病了，所以她先生帶她去醫院。

(A) *hospital* (ˈhɑspɪtl̩) *n.* 醫院
(B) restaurant (ˈrɛstərənt) *n.* 餐廳
(C) police station (pəˈlis ˈsteʃən) *n.* 警察局
(D) bus stop (ˈbʌs ˌstɑp) *n.* 公車站

**take sb. to*～ 帶某人去～

7. (**D**) 他煮義大利麵給我吃，向我表示愛意。

表示「藉由～（方法）」，介系詞用 *by*。

**show* (ʃo) *v.* 表示　　spaghetti (spəˈgɛtɪ) *n.* 義大利麵

8. (**D**) 媽媽無法看清楚，所以她需要一副眼鏡。

(A) piece (pis) *n.* 一片
(B) cup (kʌp) *n.* 一杯
(C) group (grup) *n.* 一群
(D) *pair* (pɛr) *n.* 一副；一對

**clearly* (ˈklɪrlɪ) *adv.* 清楚地　　glasses (ˈglæsɪz) *n. pl.* 眼鏡

9. (**D**) 在台灣，即使是短程，駕駛人都該繫上安全帶。

(A) swimsuit (ˈswɪmˌsut) *n.* 游泳衣
(B) life jacket (ˈlaɪf ˈdʒækɪt) *n.* 救生衣
(C) sweater (ˈswɛtɚ) *n.* 毛衣
(D) *seatbelt* (ˈsitˌbɛlt) *n.* 安全帶

**even* (ˈivən) *adv.* 即使　　trip (trɪp) *n.* 行程；旅行

10. (**A**) 在游泳池裡游泳的女孩是我妹妹。

本句是由 The girl *who swims in the pool* is my sister. 省略
關代 who，swims 改為現在分詞 swimming 後轉化而來。

**pool* (pul) *n.* 游泳池 (= *swimming pool*)

📖 TEST 25 ◆ 詳解

1. (**D**) 瑪麗去過美國好幾次，不是嗎？

  have been to 表「曾經去過」，現在完成式表過去到現在的經驗。本句中的 has 做助動詞用，故附加問句須用助動詞 has，且前面爲肯定，附加問句須用否定，選 (D)。而 hasn't she? 是 hasn't she been to America several times? 的省略疑問句。

  * several〔'sɛvərəl〕 *adj.* 好幾個　　time〔taɪm〕 *n.* 次數

2. (**C**) 賣假米酒是違法的。

  (A) great〔gret〕 *adj.* 很棒的

  (B) embarrassing〔ɪm'bærəsɪŋ〕 *adj.* 尷尬的

  (C) ***illegal***〔ɪ'ligl〕 *adj.* 違法的

  (D) interesting〔'ɪntrɪstɪŋ〕 *adj.* 有趣的

  * fake〔fek〕 *adj.* 假的；仿冒的　　***rice wine*** 米酒

3. (**D**) 她已經知道這個消息了。不需要再告訴她。

  (A) even〔'ivən〕 *adv.* 甚至　　(B) yet〔jɛt〕 *adv.* 尚（未）

  (C) not〔nɑt〕 *adv.* 不　　(D) ***already***〔ɔl'rɛdɪ〕 *adv.* 已經

  * news〔njuz〕 *n.* 消息；新聞

  No need to V. 不需要～（= *There is no need to V.*）

4. (**B**) 約翰是我姐姐的好朋友。

  本句爲雙重所有格的句型：

a（this, that, …）+ 名詞 + of + 所有格代名詞

  my sister's = my sister's good friends。

  而 (A) 須改爲 mine，(C) 須改爲 hers，(D) 須改爲 yours。

5. (**A**) 我看不見她，但是我可以聽到她的聲音。

  (A) ***voice***〔vɔɪs〕 *n.*（嘴巴發出的）聲音；說話聲

  (B) sound〔saund〕 *n.*（耳朵聽到的）聲音

  (C) noise〔nɔɪz〕 *n.* 噪音；東西的聲音

  (D) tape〔tep〕 *n.* 錄音帶

6. (**B**) 爲了使我們班更好，仍然有許多事情需要做。

$$\begin{cases} 事物 + \textbf{\textit{need}} + \textbf{\textit{to be p.p.}} \ 事物需要被～ \\ = 事物 + \textbf{\textit{need}} + \textbf{\textit{V-ing}} \end{cases}$$

* **in order to** 爲了

7. (**D**) 當莎拉有空時，她總會看她有興趣的雜誌。

interest「使感興趣」爲情感動詞，「人」做主詞，須用過去分詞，「非人」做主詞，則用現在分詞。

例：
$$\begin{cases} \text{It interests me.（它使我有興趣。）} \\ = \text{I'm interested in it.（我對它有興趣。）} \\ = \text{It is interesting to me.（我覺得它很有趣。）} \end{cases}$$

故 (A) 須改爲 which she is interested in，(B) 須改爲 which are interesting to her，(C) 須改爲 she is interested in。

* **free time** 空閒時間　　magazine〔͵mægə'zin〕*n.* 雜誌

8. (**A**) 依天色判斷，天氣大槪不會很快放晴。

(A) **sky**〔skaɪ〕*n.* 天空　　　　(B) light〔laɪt〕*n.* 燈
(C) wind〔wɪnd〕*n.* 風　　　　(D) color〔'kʌlɚ〕*n.* 顏色

* judge〔dʒʌdʒ〕*v.* 判斷　　look〔luk〕*n.* 樣子；外觀
clear up 放晴

9. (**C**) 根據全民健保方案，如果你看太多次的醫生，就必須支付額外的費用。

(A) watch〔wɑtʃ〕*n.* 手錶　　(B) look〔luk〕*n.* 看見
(C) **fee**〔fi〕*n.* 費用
(D) examination〔ɪgˌzæmə'neʃən〕*n.* 考試

* **NHIP** 全民健保（ = *National Health Insurance Project*）
visit〔'vɪzɪt〕*n.* 就診；拜訪　　pay〔pe〕*v.* 支付（費用）
extra〔'ɛkstrə〕*adj.* 額外的

10. (**A**) 眼睛是靈魂之窗。

(A) **eye**〔aɪ〕*n.* 眼睛　　　　(B) hand〔hænd〕*n.* 手
(C) glasses〔'glæsɪz〕*n. pl.* 眼鏡
(D) television〔'tɛləˌvɪʒən〕*n.* 電視（ = *TV*）

* window〔'wɪndo〕*n.* 窗戶　　mind〔maɪnd〕*n.* 心靈

📖 TEST 26 ◆ 詳解

1. (**C**) 玩刺激的電腦遊戲很好玩。

$$\begin{cases} sth. + be \text{ 動詞} + fun & 某事很有趣 \\ sb. + have + fun & 某人玩得很愉快 \end{cases}$$

(A) 須改爲 is a lot of fun… (不定詞當主詞，視爲單數)
(B) 須改爲 is a lot of fun (事物爲主詞)
(D) 用法錯誤。*sb.* + is confused with + *sth.*

*exciting〔ɪkˈsaɪtɪŋ〕*adj.* 刺激的
confused〔kənˈfjuzd〕*adj.* 困惑的

2. (**B**) 我不喜歡那些手錶。它們看起來像<u>玩具</u>。

(A) idea〔aɪˈdiə〕*n.* 主意；想法
(B) **toy**〔tɔɪ〕*n.* 玩具　　(C) brand〔brænd〕*n.* 牌子
(D) goods〔gudz〕*n. pl.* 商品

3. (**B**) 貝蒂的時間很少。她無法去看棒球比賽。

few 和 little 均表「很少」，指少到幾乎沒有，相當於否定字；a few 和 a little 則表「一些」，沒有否定意味，等於 some。few 和 a few 用於修飾可數名詞；little 和 a little 用於修飾不可數名詞。依句意爲否定，且 time 爲不可數名詞，故選 (B) **little**。
*baseball〔ˈbesˌbɔl〕*n.* 棒球

4. (**D**) 大象是陸地上<u>最大的</u>動物。

(A) expensive〔ɪkˈspɛnsɪv〕*adj.* 昂貴的
(B) small〔smɔl〕*adj.* 小的　　(C) old〔old〕*adj.* 年老的
(D) **largest**〔ˈlɑrdʒɪst〕*adj.* 最大的 (是 large 的最高級)
*elephant〔ˈɛləfənt〕*n.* 大象　　animal〔ˈænəm!〕*n.* 動物
　on land 在陸地上

5. (**A**) 我住在有三個房間的<u>公寓</u>。

(A) **apartment**〔əˈpɑrtmənt〕*n.* 公寓
(B) wardrobe〔ˈwɔrdˌrob〕*n.* 衣櫃

(C) calculator〔'kælkjə,letɚ〕*n.* 計算機

(D) break〔brek〕*n.* (短暫的)休息

6. (**B**) 當你在對話時,避免問令人尷尬的問題。

avoid + V-ing 避免

* avoid〔ə'vɔɪd〕*v.* 避免

embarrassing〔ɪm'bærəsɪŋ〕*adj.* 令人尷尬的

conversation〔,kɑnvɚ'seʃən〕*n.* 對話

7. (**D**) 當強烈颱風及豪雨來襲時,我們待在家裡。

(A) weather〔'wɛðɚ〕*n.* 天氣

(B) news〔njuz〕*n.* 消息;新聞

(C) shower〔'ʃaʊɚ〕*n.* 陣雨

(D) **typhoon**〔taɪ'fun〕*n.* 颱風

* heavy〔'hɛvɪ〕*adj.* 大量的;猛烈的

8. (**C**) 瑪麗沒有慶祝母親節,因為她的母親去年去世了。

(A) prepare〔prɪ'pɛr〕*v.* 準備

(B) notice〔'notɪs〕*v.* 注意

(C) **celebrate**〔'sɛlə,bret〕*v.* 慶祝

(D) thank〔θæŋk〕*v.* 感謝

* **Mother's Day** 母親節　　die〔daɪ〕*v.* 死亡

9. (**B**) 不但你是,她也是用功的學生。

not only…but also～ 不僅…而且～

此片語連接兩個主詞時,動詞要與最接近的主詞一致,空格最

接近 she,故用單數動詞 is。

* hardworking〔,hɑrd'wɜkɪŋ〕*adj.* 用功的;努力的

10. (**B**) 當艾美的父母親不在家時,她必須做大部分的家事。

(A) homework〔'hom,wɜk〕*n.* 家庭作業;功課

(B) **housework**〔'haʊs,wɜk〕*n.* 家事

(C) firework〔'faɪr,wɜk〕*n.* 爆竹;煙火

(D) study〔'stʌdɪ〕*n.* 研究

* parents〔'pɛrənts〕*n. pl.* 父母

📖 TEST 27 ◆ 詳解

1.(**D**) 夏娃今天很難過，<u>也許</u>你可以幫助她。
　　(A) how〔hau〕 *adv.* 如何；怎樣
　　(B) when〔hwɛn〕 *adv.* 何時　　(C) why〔hwaɪ〕 *adv.* 爲什麼
　　(D) ***maybe***〔'mebɪ〕 *adv.* 也許
　　* sad〔sæd〕 *adj.* 難過的；悲傷的

2.(**C**) 我的電腦不能<u>用</u>了，所以我無法做任何事。
　　(A) play〔ple〕 *v.* 玩；打（球）；彈奏（樂器）
　　(B) move〔muv〕 *v.* 移動　　(C) ***work***〔wɜk〕 *v.* 運轉
　　(D) show〔ʃo〕 *v.* 顯示
　　* computer〔kəm'pjutɚ〕 *n.* 電腦

3.(**C**) 如果沒有空氣，人無法存活。
　　由 could 可知，本句爲假設語氣。
　　表「與現在事實相反的假設」，其公式爲：

$$\text{If + S.} + \begin{cases} \text{were} \\ \text{過去式動詞} \end{cases} \cdots, \text{S.} + \begin{cases} \text{should} \\ \text{would} \\ \text{could} \\ \text{might} \end{cases} + \text{V.}$$

　　was 會在口語中出現，但正式的語體用 were。
　　* air〔ɛr〕 *n.* 空氣

4.(**C**) 瑪麗生病了。醫生在她的手臂上打了一<u>針</u>。
　　(A) bite〔baɪt〕 *n. v.* 咬　　　　(B) hurt〔hɜt〕 *v.* 傷害
　　(C) ***shot***〔ʃat〕 *n.* 注射　　***give sb. a shot*** 給某人打針
　　(D) shut〔ʃʌt〕 *v.* 關閉
　　* sick〔sɪk〕 *adj.* 生病的　　arm〔ɑrm〕 *n.* 手臂

5.(**D**) 他比她矮。
　　「less + 原級」爲負面比較，表「比較不～」；正面比較則用
　　「more + 原級或～er」，表「比較～」。

6. (**B**) 有地震的時候，我覺得房子在移動。
    (A) ride〔raɪd〕v. 騎乘　　　　(B) **feel**〔fil〕v. 覺得；感覺
    (C) fall〔fɔl〕v. 掉落　　　　(D) weed〔wid〕v. 除草
    *earthquake〔'ɝθ,kwek〕n. 地震　　move〔muv〕v. 移動

7. (**D**) 明天我們有英文考試。到現在為止，我已經複習課本好幾次了。
    (A) one〔wʌn〕adj. 一個
    (B) twice〔twaɪs〕adv. 兩次
    (C) once〔wʌns〕adv. 一次
    (D) **several**〔'sɛvərəl〕adj. 好幾個
    *review〔rɪ'vju〕v. 複習　　time〔taɪm〕n. 次數

8. (**B**) 他們在台北找不到約翰。事實上，他已經去美國了。
    (A) finally〔'faɪnḷɪ〕adv. 最後；終於
    (B) **in fact** 事實上
    (C) suddenly〔'sʌdṇlɪ〕adv. 突然地
    (D) by the way 順便一提
    *find〔faɪnd〕v. 找到　　America〔ə'mɛrɪkə〕n. 美國

9. (**C**) 你想知道我今晚要不要去看電影，不是嗎？
    附加問句以主要思想的子句為準，本句的重點在主要子句 You
    would like to know，故以主要子句作成附加問句，主要子句
    為肯定句，附加問句須用否定，且代名詞為 you，助動詞則用
    would，故選 (C)。
    ***would like to V**. 想要~　　if〔ɪf〕conj. 是否
    go to the movies 看電影

10. (**B**) 如果有人違規，老師可能會問他為何這麼做。
    空格應填入名詞或名詞子句，做 ask 的直接受詞，又名詞子句為
    間接問句的形式，主詞與動詞不須倒裝，故選 (B)。
    *break〔brek〕v. 破壞　　rule〔rul〕n. 規則
    break the rule 違規　　**make a mistake** 犯錯

📖 TEST 28 ◆ 詳解

1. (**C**) 蘇珊的學校和東尼的學校很有名。

名詞所有格的寫法：$\begin{cases} ① 共同所有：A and B's \\ ② 個別所有：A's and B's \end{cases}$

依句意，動詞用複數動詞 are，主詞應為複數名詞，故 (B) Susan and Tony's school (表「一所二人共同就讀的學校」) 不合。Susan's and Tony's schools 表「二所不同的學校」。

*famous〔'feməs〕*adj.* 有名的

2. (**C**) 牆上有二幅畫。

地方副詞片語置於句首，主詞若為「名詞」，須與動詞倒裝。two pictures 為複數名詞，須用複數動詞，且「地方副詞＋be 動詞」表示「有；存在」，故選 (C) *are*。

本句是由 Two pictures are on the wall. 倒裝而來。

*wall〔wɔl〕*n.* 牆　　picture〔'pɪktʃɚ〕*n.* 畫

3. (**B**) 馬汀小姐的書店每天早上七點開始營業。

every morning「每天早上」為表現在的習慣動作，須用現在簡單式，故選 (B) *opens*。

*bookstore〔'buk,stor〕*n.* 書店

4. (**D**) 凱倫吃得很多，所以她越來越胖。

「比較級＋and＋比較級」為加強語氣的用法，表「越來越～」。
(A) 須改為 fatter，因為 fat 為單音節的字，其最後二個字母為「短母音＋子音」，故比較級為重覆字尾的子音字母 t，再加 er。
(B) 選項不合句意。(C) 須改為 much fatter，因為副詞 much 修飾比較級形容詞。

5. (**A**) 據說披薩來自義大利。

(A) *pizza*〔'pitsə〕*n.* 披薩
(B) tea〔ti〕*n.* 茶　　　　(C) coke〔kok〕*n.* 可樂
(D) steak〔stek〕*n.* 牛排

It is said that~ 據說（= *People say that~* ）
Italy〔'ɪtḷɪ〕*n.* 義大利

6. (**C**) 昨天我和瑪麗玩撲克牌。她贏了我一百元。

(A) give〔gɪv〕*v.* 給　　　　(B) send〔sɛnd〕*v.* 寄
(C) *win*〔wɪn〕*v.* 贏　　　　(D) wear〔wɛr〕*v.* 穿；戴

play cards 玩撲克牌　　hundred〔'hʌndrəd〕*n.* 百

7. (**A**) 因為我們沒有足夠的錢，所以不能買那棟有游泳池的房子。

(A) *since*〔sɪns〕*conj.* 因為（= *because* ）
(B) after〔'æftɚ〕*conj.* 在~之後
(C) but〔bʌt〕*conj.* 但是
(D) though〔ðo〕*conj.* 雖然

enough〔ə'nʌf〕*adj.* 足夠的　　*swimming pool* 游泳池

8. (**B**) 雖然凱文數學考試都考不好，但他從未放棄過為考試而讀書。

(A) use up 用完（= *run out of* ）
(B) *give up* 放棄　*give up* + *V-ing* 放棄~
(C) make up 編造
(D) look up 查閱；向上看

do well 考得好　　math〔mæθ〕*n.* 數學

9. (**D**) 暑假結束時，學生們總是覺得很難過，因為他們很快就得回到學校。

(A) start〔stɑrt〕*n.* 開始　　(B) plan〔plæn〕*n.* 計劃
(C) coming〔'kʌmɪŋ〕*n.* 來臨　(D) *end*〔ɛnd〕*n.* 結束

summer vacation 暑假　　*go back to* 回到~

10. (**A**) 請把我最深的祝福轉達給你的家人。如果我有時間，我會去拜訪他們。

(A) *wish*〔wɪʃ〕*n.* 祝福　　(B) taxi〔'tæksɪ〕*n.* 計程車
(C) bicycle〔'baɪsɪkḷ〕*n.* 腳踏車（= *bike* ）
(D) bus〔bʌs〕*n.* 公車

visit〔'vɪzɪt〕*v.* 拜訪

📖 TEST 29 ◆ 詳解

1. (**C**)「她不是護士嗎？」「不，她是學生。」

回答否定疑問句時，可以把問句視爲「肯定疑問句」來作答，即「是」用 Yes，「不是」用 No，即「Yes + 肯定內容；No + 否定內容」。本句的完整回答是："No, she is not a nurse. She is a student."

＊nurse〔nɝs〕*n.* 護士

2. (**C**) 蘇精通園藝。她有園藝<u>才能</u>。

(A) feet〔fit〕*n. pl.* 腳（單數是 foot）
(B) head〔hɛd〕*n.* 頭
(C) *finger*〔'fɪŋɚ〕*n.* 手指
　　green fingers 園藝才能（= *a green thumb*）
(D) face〔fes〕*n.* 臉

＊*be good at* 精通　　gardening〔'gɑrdṇɪŋ〕*n.* 園藝

3. (**A**) 不要讓我發笑！我對這件事很認真。

make 爲使役動詞，其用法爲：make + 受詞 + 原形 V.

＊serious〔'sɪrɪəs〕*adj.* 認眞的；嚴肅的

4. (**A**) 她從不晚起，但她弟弟總是晚起。

頻率副詞 always 在「主詞 + 助動詞或 be 動詞」的省略形式中，必須放在助動詞或 be 動詞之前，故選 (A)。

＊*get up* 起床　　late〔let〕*adv.* 遲；晚

5. (**B**) 對孩子們來說，冰淇淋是他們夏天<u>最喜愛</u>的食物。

(A) different〔'dɪfərənt〕*adj.* 不同的 < *from* >
(B) *favorite*〔'fevərɪt〕*adj.* 最喜愛的
(C) talented〔'tæləntɪd〕*adj.* 有才能的 < *for* >
(D) strict〔strɪkt〕*adj.* 嚴格的 < *with* >

＊children〔'tʃɪldrən〕*n. pl.* 孩子（單數是 child）
　ice cream 冰淇淋

6. (**D**)　上張老師的國文課的學生當中，有一個學生來自紐約。

　　　　one of the + 複數名詞 + 單數動詞　～之中一個…

7. (**B**)　在台灣最<u>舒適的</u>天氣是在九月、十月及十一月。那幾個月的天氣都很涼爽。

　　　　(A) greedy〔'gridɪ〕*adj.* 貪心的
　　　　(B) **comfortable**〔'kʌmfətəbḷ〕*adj.* 舒適的
　　　　(C) snowy〔'snoɪ〕*adj.* 下雪的
　　　　(D) sudden〔'sʌdṇ〕*adj.* 突然的
　　　　* weather〔'wɛðɚ〕*n.* 天氣　　month〔mʌnθ〕*n.* 月

8. (**D**)　據說張惠妹住在這棟漂亮大樓的六樓。

　　　　(A) door〔dor〕*n.* 門　　　　　(B) window〔'wɪndo〕*n.* 窗戶
　　　　(C) towel〔'tauəl〕*n.* 毛巾　　(D) **floor**〔flor〕*n.* 樓層
　　　　* **People say that** ~　據說（= *It is said that* ~）
　　　　building〔'bɪldɪŋ〕*n.* 建築物；大樓

9. (**B**)　<u>英國</u>有許多有名的大學，像是牛津大學和劍橋大學。

　　　　(A) Japan〔dʒə'pæn〕*n.* 日本
　　　　(B) **England**〔'ɪŋglənd〕*n.* 英國
　　　　(C) America〔ə'mɛrɪkə〕*n.* 美國
　　　　(D) Canada〔'kænədə〕*n.* 加拿大
　　　　* famous〔'feməs〕*adj.* 有名的
　　　　university〔ˌjunə'vɝsətɪ〕*n.* 大學
　　　　Oxford〔'ɑksfəd〕*n.* 牛津大學（位於英國）
　　　　Cambridge〔'kembrɪdʒ〕*n.* 劍橋大學（位於英國）

10. (**C**)　他走向那張桌子，並在桌上放了一個杯子。

　　　　(A) 須改為 Whose are these boxes?
　　　　　　（複數名詞的形成，若字尾是 s，z，x，sh，ch，則須加 es）
　　　　(B) 須改為 Whose guitar is this?（guiter 拼字錯誤）
　　　　(D) 須改為 Here is your jacket.　Put it on.
　　　　　　（受詞若為代名詞，須置於動詞與介副詞中間）
　　　　* guitar〔gɪ'tɑr〕*n.* 吉他　　**walk up to** 走向
　　　　jacket〔'dʒækɪt〕*n.* 夾克　　**put on** 穿上

📖 TEST 30 ◆ 詳解

1. (**C**) 當天空蔚藍且<u>無雲</u>時，我們知道這將是晴朗的一天。
   (A) dark〔dɑrk〕*adj.* 黑暗的
   (B) dirty〔ˈdɜtɪ〕*adj.* 髒的
   (C) *clear*〔klɪr〕*adj.* 晴朗無雲的
   (D) rainy〔ˈrenɪ〕*adj.* 下雨的
   *blue〔blu〕*adj.* 蔚藍的　　sunny〔ˈsʌnɪ〕*adj.* 晴朗的

2. (**B**) 他的想法和我的想法不同。
   介系詞 from 須接名詞或動名詞為受詞，依句意，選 (B)。
   mine 為所有格代名詞，在此等於 my idea。
   *different〔ˈdɪfərənt〕*adj.* 不同的

3. (**B**) 「今天是星期幾？」「今天是星期天。」
   What day～?　～是星期幾？
   問「今天是幾月幾日？」須用 What is the date today?
   *fine〔faɪn〕*adj.* 晴朗的

4. (**D**) 法國是<u>歐洲</u>最大的國家。
   (A) America〔əˈmɛrɪkə〕*n.* 美洲
   (B) Asia〔ˈeʃə〕*n.* 亞洲
   (C) Africa〔ˈæfrɪkə〕*n.* 非洲
   (D) *Europe*〔ˈjurəp〕*n.* 歐洲
   *France〔fræns〕*n.* 法國　　country〔ˈkʌntrɪ〕*n.* 國家

5. (**B**) 他從上個月就開始曠課。
   since 表「自從～以來」，其主要子句須用現在完成式或現在完成進行式，since 則須接「過去的一個特定時間」，而不是一段時間。
   stay away from school 曠課

6. (**D**) 他所能做的就是向羅絲揮手說再見。

waving 是現在分詞，引導一分詞片語，做主詞補語，修飾主詞 he。

all one can do is + 原形 V. 某人所能做的就是
wave〔wev〕v. 揮動

7. (**A**) 當媽媽不在家時，強尼總是自願為他的家人做晚餐。
(A) *volunteer*〔,vɑlən'tɪr〕v. 自願
(B) vacuum〔'vækjuəm〕v. 用吸塵器打掃
(C) clean〔klin〕v. 打掃
(D) mop〔mɑp〕v.（用拖把）拖地

8. (**C**) 這台二十八吋電視機的價格非常便宜，我等不及要把它買下來。
「數字–名詞」所形成的複合形容詞中，名詞一律用單數，
故選 (C) the 28-inch TV「二十八吋電視機」。
其他類似用法有：a ten-year-old girl（十歲的小女孩）、
a five-day workweek（週休二日）等。

*price〔praɪs〕n. 價格   so…that~ 如此…以致於~
low〔lo〕adj. 低的   can't wait to + V. 等不及要~

9. (**C**) 為了不要製造太多垃圾，我們應該做資源回收。
(A) money〔'mʌnɪ〕n. 錢
(B) tower〔'tauɚ〕n. 塔
(C) *garbage*〔'gɑrbɪdʒ〕n. 垃圾 (= *trash*)
(D) clothes〔kloðz〕n. pl. 衣服

*recycle〔ri'saɪkḷ〕v. 回收再利用
in order not to V. 為了不要~
produce〔prə'djus〕v. 製造

10. (**A**) 七月四日是美國獨立紀念日。當然，那天他們將會舉行一個盛大
的慶祝活動。
(A) *of course* 當然   (B) worst of all 最糟的是
(C) so far 到目前為止   (D) no way 不行

*independence〔,ɪndɪ'pɛndəns〕n. 獨立
celebration〔,sɛlə'breʃən〕n. 慶祝活動

📖 TEST 31 ◆ 詳解

1. (**C**) 約翰所有的考試都及格通過，讓他的父母非常以他為榮。
　　　代替前面一整句話，關代用 which。
　　　在本句中，which 引導補述用法的形容詞子句。
　　　＊pass〔pæs〕v. 通過　　proud〔praud〕adj. 感到光榮的
　　　be proud of 以～為榮

2. (**A**) 我們需要大量的雨水及溫暖、潮濕的天氣。
　　　(A) ***humid***〔'hjumɪd〕adj. 潮濕的（= wet）
　　　(B) greasy〔'grizɪ〕adv. 油膩的
　　　(C) delicious〔dɪ'lɪʃəs〕adj. 好吃的
　　　(D) sudden〔'sʌdn̩〕adj. 突然的
　　　＊warm〔wɔrm〕adj. 溫暖的　　weather〔'wɛðɚ〕n. 天氣

3. (**D**) 這本書有幾課？
　　　「How many + 複數名詞 + are there～?」表「有多少～?」
　　　本句也可說成：How many lessons does the book have?
　　　(A) 須改為 How many days are there in a year?
　　　　　（一年有幾天？）
　　　(B) 須改為 How many seasons are there in a year?
　　　　　（一年有幾個季節？）
　　　(C) 須改為 How many people are there in your family? 或
　　　　　How many people does your family have?
　　　　　（你家有幾個人？）

4. (**D**) 我按了門鈴，但是它沒有響。它一定是故障了。
　　　(A) living〔'lɪvɪŋ〕adj. 活的
　　　(B) confused〔kən'fjuzd〕adj. 困惑的 < with >
　　　(C) worried〔'wɝɪd〕adj. 擔心的 < about >
　　　(D) ***dead***〔dɛd〕adj. 不通電的
　　　＊ring〔rɪŋ〕v. 按（鈴）　　work〔wɝk〕v. 運轉

5. (**B**) 他們玩得很愉快，我們也是。

肯定句的「也」用 so 或 too，故 (C) 不合。這裡的 had 為本動詞，所以 so 的倒裝句中，助動詞須用 did，故選 (B)。而 (D) 須改為 and we did, too。

have a good time 玩得很愉快 (= have fun = enjoy oneself)

6. (**D**) 媽媽去日本之後，房間變得很髒，所以約翰決定自己打掃房間。

    (A) weed〔wid〕v. 除草　　　(B) keep〔kip〕v. 保持

    (C) throw〔θro〕v. 丟　　　　(D) *clean*〔klin〕v. 打掃

    dirty〔'dɜtɪ〕adj. 髒的 (↔ clean〔klin〕adj. 乾淨的)

    decide〔dɪ'saɪd〕v. 決定　　*by oneself* 靠自己

7. (**C**) 我喜歡打棒球，所以我哥哥買給我一顆棒球，作為我的生日禮物。

    「運動名稱」為不可數名詞，前面不加冠詞 a 或 the。

    「運動用品」則為可數名詞，可做單複數變化。

    as〔æz〕prep. 作為　　　present〔'prɛsn̩t〕n. 禮物

8. (**A**) 旅行是我的最喜愛的消遣。我希望我能走遍世界上所有的國家。

    (A) *country*〔'kʌntrɪ〕n. 國家　(B) food〔fud〕n. 食物

    (C) season〔'sizn̩〕n. 季節　　　(D) vacation〔ve'keʃən〕n. 假期

    travel〔'trævl〕v. 旅行　　favorite〔'fevərɪt〕adj. 最喜愛的

    pastime〔'pæs,taɪm〕n. 消遣　　*in the world* 世界上

9. (**B**) 行動電話現在在台北很流行。幾乎每個年輕人都有一支。

    (A) subway〔'sʌb,we〕n. 地下鐵

    (B) *cell phone*〔'sɛl 'fon〕n. 行動電話；手機

    (C) bakery〔'bekərɪ〕n. 麵包店

    (D) museum〔mju'ziəm〕n. 博物館

    popular〔'pɑpjələ〕adj. 流行的；受歡迎的

10. (**C**) 我現在是國中三年級。我覺得時間流逝得很快。

    (A) stop〔stɑp〕v. 停止　　　(B) save〔sev〕v. 節省

    (C) *move*〔muv〕v. 移動　*move on* （歲月）流逝

    (D) speak〔spik〕v. 說（語言）

    junior high 國中 (= junior high school)

    fast〔fæst〕adv. 快速地

📖 TEST 32 ◆ 詳解

1.(**B**) 十月有好幾個重要的假日。

「there + be 動詞」表「有」，不可用 have 或 has。
又主詞補語 several important holidays 為複數名詞，故用複數
動詞 *are*，選 (B)。

*several〔'sɛvərəl〕adj. 好幾個
important〔ɪm'pɔrtn̩t〕adj. 重要的　　holiday〔'hɑlə‚de〕n. 假日

2.(**A**) 當你去旅行時，微笑是很有用的世界語言。

(A) *language*〔'læŋgwɪdʒ〕n. 語言
(B) pollution〔pə'luʃən〕n. 污染
(C) food〔fud〕n. 食物　　(D) program〔'progræm〕n. 節目
*travel〔'trævl̩〕v. 旅行　　smile〔smaɪl〕n. 微笑
useful〔'jusfəl〕adj. 有用的

3.(**A**) 紐約的街道比台北的街道更熱鬧。

主詞 the streets 為複數名詞，須用複數動詞，故 (B)(C) 不合。而
形容詞 busy 的比較級為 busier，故選 (A)。those = the streets。
*busy〔'bɪzɪ〕adj. 熱鬧的

4.(**B**) 我一天喝好幾杯水。

water 為物質名詞，物質名詞為不可數名詞，須用表「單位」的
名詞來表示「數」的觀念。

其公式為：　數詞 + 單位名詞 + of + 物質名詞

其他類似用法有：ten cups of coffee（十杯咖啡）、a piece of
paper（一張紙）等。
*glass〔glæs〕n. 玻璃杯

5.(**B**) 如果你感冒了，最好吃藥。

「吃」藥的動詞用 *take*，不可用 drink 或 eat。
catch a cold 感冒　　medicine〔'mɛdəsn̩〕n. 藥

6. (**A**) 上星期六一起去打獵的主人和他的狗，再也沒有被看到過。

形容詞子句中，若先行詞中含有「人」和「非人」時，關代只能用 that，不能用 who 或 which。

that 在子句中，代替先行詞 the master and his dog 做主詞。

*master〔'mæstə〕 *n.* 主人　　*go hunting* 去打獵

7. (**C**) 現在的生活和一百年前的生活大<u>不相同</u>。

(A) same〔sem〕 *adj.* 相同的 < *as* >
(B) quiet〔'kwaɪət〕 *adj.* 安靜的
(C) *different*〔'dɪfərənt〕 *adj.* 不同的 < *from* >
(D) slow〔slo〕 *adj.* 慢的

*quite〔kwaɪt〕 *adv.* 相當地

8. (**B**) 傑克很聰明，而且用功讀書。<u>也許</u>他會成為中國的愛因斯坦。

(A) may be 也許是
(B) *perhaps*〔pə'hæps〕 *adv.* 也許
(C) never〔'nɛvə〕 *adv.* 從不
(D) already〔ɔl'rɛdɪ〕 *adv.* 已經

*smart〔smɑrt〕 *adj.* 聰明的　　Einstein〔'aɪnstaɪn〕 *n.* 愛因斯坦

9. (**C**) 在歐洲旅行一年後，傑克有很大的<u>改變</u>。

(A) sweater〔'swɛtə〕 *n.* 毛衣
(B) weather〔'wɛðə〕 *n.* 天氣
(C) *change*〔tʃendʒ〕 *n.* 改變
(D) cram〔kræm〕 *v.* 填塞

*Europe〔'jurəp〕 *n.* 歐洲　　undergo〔ˌʌndə'go〕 *v.* 經歷

10. (**D**) 當我偶然遇到我的初戀情人時，我可以聽見自己的<u>心跳聲</u>。

(A) bread〔brɛd〕 *n.* 麵包
(B) wedding〔'wɛdɪŋ〕 *n.* 婚禮
(C) virus〔'vaɪrəs〕 *n.* 病毒
(D) *heart*〔hɑrt〕 *n.* 心臟

*beat〔bit〕 *v.* (心)跳　　*meet sb. by chance* 偶然遇到某人
first lover 初戀情人

📖 TEST 33 ◆ 詳解

1. (**D**) 雖然他已經讀這一課讀了三遍了，這對他仍然很<u>陌生</u>。
   - (A) active〔'æktɪv〕*adj.* 主動的；積極的 *< in >*
   - (B) ideal〔aɪ'diəl〕*adj.* 理想的
   - (C) fashionable〔'fæʃənəb!〕*adj.* 流行的；時麾的
   - (D) ***strange***〔strendʒ〕*adj.* 陌生的；不熟悉的 *< to >*

2. (**A**) 希望可以<u>創造</u>多彩多姿的人生。
   - (A) ***create***〔krɪ'et〕*v.* 創造
   - (B) avoid〔ə'vɔɪd〕*v.* 避免
   - (C) envy〔'ɛnvɪ〕*v.* 羨慕；嫉妒
   - (D) end〔ɛnd〕*v.* 結束
   - *colorful〔'kʌləfəl〕*adj.* 多彩多姿的

3. (**A**) 我看見一個男孩，我想他是你的學<u>生</u>。
   關係代名詞 who 代替先行詞 a boy，做形容詞子句中 was 的主詞。I think 為插入語，不影響文法與句意。

4. (**A**) 我從六歲開始，就學彈鋼琴。
   連接詞 since 表「自從～以來」，其引導的副詞子句須用過去式，主要子句則須用現在完成式，或用現在完成進行式，強調動作的持續。since 也可作介系詞，其受詞須為某一特定的時間，而不是一段時間。

5. (**D**) 他買賣股票賺了好幾<u>百萬</u>。
   - (A) middle〔'mɪd!〕*n.* 中間
   - (B) candy〔'kændɪ〕*n.* 糖果
   - (C) oil〔ɔɪl〕*n.* 油
   - (D) ***million***〔'mɪljən〕*n.* 百萬
   - *make〔mek〕*v.* 賺（錢）　　several〔'sɛvərəl〕*adj.* 好幾個
     through〔θru〕*prep.* 透過　　stock〔stɑk〕*n.* 股票

6. (**A**) 電子郵件的使用讓人們再度常常寫信。

  (A) **e-mail** 〔ˈiˌmel 〕 *n.* 電子郵件
  (B) plane 〔 plen 〕 *n.* 飛機 (= *airplane*)
  (C) phone 〔 fon 〕 *n.* 電話 (= *telephone*)
  (D) radio 〔ˈredɪˌo 〕 *n.* 收音機

  * ***make*** *sb.* **+** *V.* 讓某人做~

7. (**B**) 全世界每天都有令人興奮或驚訝的消息。

  (A) mouth 〔 mauθ 〕 *n.* 嘴巴
  (B) **world** 〔 wɜld 〕 *n.* 世界
  (C) trouble 〔ˈtrʌbḷ 〕 *n.* 麻煩
  (D) envelope 〔ˈɛnvəˌlop 〕 *n.* 信封

  * exciting 〔 ɪkˈsaɪtɪŋ 〕 *adj.* 令人興奮的；刺激的
  surprising 〔 səˈpraɪzɪŋ 〕 *adj.* 令人驚訝的
  all over the world 全世界 (= *around the world*)

8. (**D**) 紐約昨天下了很多雨。

  「下很多雨」的表達方式有：
   We have a lot of rain. (rain 是不可數名詞)
   There is a lot of rain. (rain 是不可數名詞)
   It rains a lot. (rain 是動詞)

9. (**C**) 麥可·喬登是許多籃球選手的好榜樣。

  (A) animal 〔ˈænəmḷ 〕 *n.* 動物
  (B) question 〔ˈkwɛstʃən 〕 *n.* 問題
  (C) **example** 〔 ɪgˈzæmpḷ 〕 *n.* 榜樣；例子
  (D) nation 〔ˈneʃən 〕 *n.* 國家

  * player 〔ˈpleɚ 〕 *n.* 選手

10. (**C**) 有好幾千人去墾丁看流星。

  thousands of 數以千計的
  thousand 前面若有數字，字尾不須加 s，也不可以加介系詞 of，
  故 (D) 須改爲 Two thousand。

  * ***shooting star*** 流星

📖 TEST 34 ◆ 詳解

1. (**B**) 專心於你的學業，好嗎？

　　祈使句的附加問句用 **will you?**

　　*concentrate〔'kɑnsn̩,tret〕v. 專心
　　concentrate on 專心於　　　studies〔'stʌdɪz〕n. pl. 學業

2. (**B**) 摩托車騎士<u>違反</u>交通規則是很危險的。

　　(A) follow〔'fɑlo〕v. 遵守；跟隨
　　(B) ***break***〔brek〕v. 違反（規則）
　　(C) meet〔mit〕v. 遇見
　　(D) take〔tek〕v. 拿走

　　*dangerous〔'dendʒərəs〕adj. 危險的
　　motorcyclist〔'motɚ,saɪkl̩ɪst〕n. 摩托車騎士
　　traffic rules 交通規則

3. (**B**) 他沒有房子住。

　　no house 是不定詞 to live in 意義上的受詞，因為 live 為不及物
　　動詞，故 in 不可省略。(C) 須改為 which he can live in，(D) 須
　　改為 where it is good to live 或 which is good to live in。

4. (**B**) 男孩們明天晚上將要離開他們的家。

　　tomorrow evening「明天晚上」為表未來的時間副詞片語，故
　　動詞須用未來式。來去動詞 come, go, start, leave 等，可用現
　　在式代替未來式。【詳見「文法寶典」p.327】

5. (**C**) 日本和韓國的歌手現在在台灣很受年輕人<u>歡迎</u>。

　　(A) difficult〔'dɪfə,kʌlt〕adj. 困難的
　　(B) possible〔'pɑsəbl̩〕adj. 可能的
　　(C) ***popular***〔'pɑpjələ〕adj. 受歡迎的
　　　be popular with 受～歡迎
　　(D) dirty〔'dɜtɪ〕adj. 髒的

　　*Japanese〔,dʒæpə'niz〕adj. 日本的
　　Korean〔ko'riən〕adj. 韓國的

6. (**A**) 大部分的商店牆上都有攝影機，監視在那裡買東西的人。
    (A) *camera*〔'kæmərə〕*n.* 攝影機；照相機
    (B) radio〔'redɪ,o〕*n.* 收音機
    (C) tape〔tep〕*n.* 錄音帶
    (D) cell phone〔'sɛl 'fon〕*n.* 行動電話；手機
    ＊watch〔wɑtʃ〕*v.* 監視

7. (**B**) 在台灣的學生很忙碌，因為他們有太多的科目要學習。
    (A) semester〔sə'mɛstə〕*n.* 學期
    (B) *subject*〔'sʌbdʒɪkt〕*n.* 科目
    (C) housework〔'haus,wɝk〕*n.* 家事
    (D) building〔'bɪldɪŋ〕*n.* 建築物；大樓
    ＊busy〔'bɪzɪ〕*adj.* 忙碌的

8. (**A**) 當人們覺得事情很有趣時，他們會學得又快又好。
    (A) *interesting*〔'ɪntrɪstɪŋ〕*adj.* 有趣的
    (B) boring〔'borɪŋ〕*adj.* 無聊的
    (C) confusing〔kən'fjuzɪŋ〕*adj.* 令人困惑的
    (D) worrying〔'wɝɪŋ〕*adj.* 令人擔心的
    ＊quickly〔'kwɪklɪ〕*adv.* 快速地

9. (**A**) 鮑伯是我班上最高的，我確定他比你班上任何一個學生還高。
    鮑伯和「你班上的學生」作比較，鮑伯自己並沒有包含在內，故
    不須用 any other，選 (A) *any*。此為用比較級表最高級的句型。
    ＊sure〔ʃur〕*adj.* 確信的

10. (**C**) 當機會來臨時，你必須抓住它們。否則它們很快就會消失。
    (A) noise〔nɔɪz〕*n.* 噪音
    (B) pollution〔pə'luʃən〕*n.* 污染
    (C) *opportunity*〔,ɑpə'tjunətɪ〕*n.* 機會
    (D) allowance〔ə'lauəns〕*n.* 零用錢
    ＊catch〔kætʃ〕*v.* 抓住；捕捉　　or〔ɔr〕*conj.* 否則
    pass〔pæs〕*v.* 消失

📖 TEST 35 ◆ 詳解

1. (**D**) 他開著裝滿水果的卡車到市場。

本句是由…truck *which was full of fruit*…轉化而來。形容詞子句省略 which was，形成形容詞片語 full of，修飾先行詞 truck。

*truck〔trʌk〕*n.* 卡車　　***be full of*** 充滿
　fruit〔frut〕*n.* 水果　　market〔'mɑrkɪt〕*n.* 市場

2. (**B**) 天氣非常冷，我整天都穿著冬天的外套。

wear 表「穿著之狀態」，爲持續性質，
put on 表「穿衣之動作」，指一時的動作。
依句意，「整天穿著冬天外套」是持續的狀態，故選 (B)。

*such〔sʌtʃ〕*adj.* 非常的　　***all day*** 整天 (= all day long)
　put on 穿上 (衣服) (↔ take off)

3. (**D**) 瑪麗和約翰幾乎不能避免見面，因爲他們在同一間辦公室工作。

(A) produce〔prə'djus〕*v.* 生產；製造
(B) make〔mek〕*v.* 製造　　　　(C) keep〔kip〕*v.* 保持
(D) ***avoid***〔ə'vɔɪd〕*v.* 避免　***avoid + V-ing*** 避免～

*hardly〔'hɑrdlɪ〕*adv.* 幾乎不　　meet〔mit〕*v.* 遇見

4. (**A**) 你運動得愈多，就會愈強壯。

(A) ***strong***〔strɔŋ〕*adj.* 強壯的 (stronger 是比較級)
(B) hard〔hɑrd〕*adj.* 硬的；困難的
(C) quiet〔'kwaɪət〕*adj.* 安靜的
(D) unhappy〔ʌn'hæpɪ〕*adj.* 不快樂的

*「the + 比較級…the + 比較級」表「愈…就愈～」。
　exercise〔'ɛksɚ,saɪz〕*v.* 運動

5. (**C**) 我的運動鞋太小了；它們使我的腳很痛。

(A) enjoy〔ɪn'dʒɔɪ〕*v.* 享受；喜歡　(B) want〔wɑnt〕*v.* 想要
(C) ***hurt***〔hɝt〕*v.* 使疼痛　　　(D) jump〔dʒʌmp〕*v.* 跳

sports shoes 運動鞋　　feet〔fit〕*n. pl.* 腳 (單數是 foot)

6. (**B**) 在別人的背後批評他或她，是不正確的。

(A) welcome〔'wɛlkəm〕v. 歡迎
(B) *criticize*〔'krɪtə,saɪz〕v. 批評
(C) waste〔west〕v. 浪費
(D) fix〔fɪks〕v. 修理
behind one's back 在某人背後

7. (**C**) 不要浪費錢買沒用的東西，像是可愛的洋娃娃和電影明星的海報。

$$waste + 金錢 + \begin{cases} (in) + V\text{-}ing & 浪費在～ \\ on + N. \end{cases}$$

useless〔'juslɪs〕adj. 無用的　　*such as* 像是 (= *like*)
cute〔kjut〕adj. 可愛的　　doll〔dɑl〕n. 洋娃娃
poster〔'postɚ〕n. 海報　　*movie star* 電影明星

8. (**C**) 房間很暗，所以我的頭撞到書桌。

(A) spend〔spɛnd〕v. 花費　　(B) shut〔ʃʌt〕v. 關上
(C) *bump*〔bʌmp〕v. 使撞到　　*bump against* 撞到～
(D) quit〔kwɪt〕v. 戒除；辭職
dark〔dɑrk〕adj. 黑暗的

9. (**A**) 如果每個人都遵守交通規則，車禍就會愈來愈少。

(A) *accident*〔'æksədənt〕n. 車禍；意外
(B) people〔'pipl〕n. 人
(C) can〔kæn〕n. 罐子
(D) taxi〔'tæksɪ〕n. 計程車
follow〔'fɑlo〕v. 遵守；遵循　　few〔fju〕adj. 極少的
fewer and fewer 愈來愈少

10. (**D**) 字典對學習語言的人來說，是很有用的。

(A) tall〔tɔl〕adj. 高的
(B) embarrassed〔ɪm'bærəst〕adj. 尷尬的
(C) polite〔pə'laɪt〕adj. 有禮貌的
(D) *useful*〔'jusfəl〕adj. 有用的
dictionary〔'dɪkʃən,ɛrɪ〕n. 字典

📖 TEST 36 ◆ 詳解

1. (**B**) 十八歲以下的人騎<u>摩托車</u>是違法的。
   (A) bicycle〔'baɪsɪkḷ〕*n.* 腳踏車（= *bike*）
   (B) ***motorcycle***〔'motɚ,saɪkḷ〕*n.* 摩托車
   (C) horse〔hɔrs〕*n.* 馬　　(D) bus〔bʌs〕*n.* 巴士
   *illegal〔ɪ'ligḷ〕*adj.* 違法的　　ride〔raɪd〕*v.* 騎乘

2. (**A**) 他們拿她的雀斑<u>取笑</u>她。
   (A) ***tease***〔tiz〕*v.* 取笑　　(B) drown〔draʊn〕*v.* 使淹死
   (C) rent〔rɛnt〕*v.* 租　　(D) pretend〔prɪ'tɛnd〕*v.* 假裝
   *freckle〔'frɛkḷ〕*n.* 雀斑

3. (**D**) 雖然約翰在主科方面不擅長，但他的確有運動<u>天份</u>。
   (A) seat〔sit〕*n.* 座位　　(B) size〔saɪz〕*n.* 尺寸；大小
   (C) life〔laɪf〕*n.* 生命；生活
   (D) ***talent***〔'tælənt〕*n.* 天份；才能 < *for* >
   be good in 擅長；精通　　main〔men〕*adj.* 主要的

4. (**C**) 他昨晚花了三個小時念英文。
   「花費時間」的表達方式有：
   $\begin{cases} 人 + spend + 時間 + (in) + V\text{-}ing \\ 事或 It + take + （人） + 時間 + to\ V. \end{cases}$
   而 (A) cost 則用於「某物花某人多少錢」，(D) need「需要」，
   其用法爲：人 + need + 受詞 + to V.，用法皆不合。

5. (**A**) 你、她，和我的年紀相同。
   英文人稱代名詞的排列：
   $\begin{cases} 單數：通常按 2、3、1（you, he, and I）排列。 \\ 複數：通常按 1、2、3（we, you, and they）排列。 \end{cases}$
   例：We, you and they are all good basketball players.
   　　（我們、你們，和他們，全都是優秀的籃球選手。）
   of the same age 年紀相同的

6. (**C**) <u>觀眾</u>被她美妙的聲音所吸引。

    (A) ontest〔'kɑntɛst〕*n.* 比賽

    (B) stage〔stedʒ〕*n.* 舞台

    (C) *audience*〔'ɔdɪəns〕*n.* 觀眾

    (D) protest〔'protɛst〕*n.* 抗議

    *attract〔ə'trækt〕*v.* 吸引   beautiful〔'bjutəfəl〕*adj.* 美妙的

    voice〔vɔɪs〕*n.* 聲音

7. (**D**) 台北市的人口比高雄市的人口多。

    爲了避免重複前面提過的名詞，單數名詞可用 that 代替。

    that = the population。

    *population〔,pɑpjə'leʃən〕*n.* 人口

8. (**B**) 如果你方便的話，我今晚想和你見面。

    convenient 是非人稱形容詞，不可修飾人，故中文説「如果某人

    方便的話」，英文要用 *if it is convenient for sb.* 不可説成 *if sb.*

    is convenient。又在表時間或條件的副詞子句中，須用現在式表示

    未來，不可用 will 表示未來，故選 (B)。

    **would like to* 想要   convenient〔kən'vinjənt〕*adj.* 方便的

9. (**C**) 對旅行的人來說，在<u>外國</u>的生活旣新奇又有趣。

    (A) violent〔'vaɪələnt〕*adj.* 暴力的

    (B) young〔jʌŋ〕*adj.* 年輕的

    (C) *foreign*〔'fɔrɪn〕*adj.* 外國的

    (D) boring〔'bɔrɪŋ〕*adj.* 無聊的

    *interesting〔'ɪntrɪstɪŋ〕*adj.* 有趣的

    traveler〔'trævlɚ〕*n.* 旅行的人

10. (**A**) 我兩年前買這台腳踏車，但它仍然看起來像是新的。

    look 爲連綴動詞，其用法爲：

    $\begin{cases} \text{look} + adj. \\ \text{look like} + \text{N.} \end{cases}$

    故空格應填入名詞，選 (A) *a new one*（= a new bicycle）。

    不定冠詞與所有格名詞修飾同一個名詞時，兩者不能同時放在

    該名詞前面，故 (D) 須改爲 a new bicycle。

📖 TEST 37 ◆ 詳解

1. (**D**) 我以前住在美國，但是我現在住在台灣。

$$\begin{cases} \textbf{\textit{used to}} + 原形 \textbf{\textit{V.}} \ 從前（used〔just〕）\\ \textbf{\textit{be used to}} + \textbf{\textit{V-ing}} \ 習慣於（used〔juzd〕）\end{cases}$$

2. (**C**) 他停止在城市裡工作，搬到鄉下。

   quit + *V-ing* 停止

   * move〔muv〕*v.* 搬家　　country〔'kʌntrɪ〕*n.* 鄉下

3. (**B**) 蘇珊在她的班上不受歡迎，因為她太愛炫耀了。。

   (A) show up 出現（= *appear*）
   (B) *show off* 炫耀
   (C) shut up 閉嘴
   (D) stay up 熬夜（= *sit up*）

   * popular〔'pɑpjələ〕*adj.* 受歡迎的

4. (**C**) 那個包裹已經被送到鮑伯叔叔家了。

   (A) build〔bɪld〕*v.* 建造
   (B) tell〔tɛl〕*v.* 告訴；分辨
   (C) *send*〔sɛnd〕*v.* 送
   (D) draw〔drɔ〕*v.* 畫畫

   * package〔'pækɪdʒ〕*n.* 包裹　　uncle〔'ʌŋkl̩〕*n.* 叔叔；伯父

5. (**C**) 現在來杯茶如何？

   How about + *V-ing?* 做～如何？

   （= *What about* + *V-ing?* = *What do you say to* + *V-ing?*）

6. (**A**) 我哥哥在西元兩千年五月一日的早上回到家。

   (B) 須改為 He sang the song well enough.
   　　（須用副詞修飾動詞）
   (C) 須改為 He is the only child in his family.
   　　（*only child* 獨生子）

(D) 須改爲 I know who that man is.
（名詞子句中，主詞與動詞不須倒裝）

7. (**C**) 我需要一輛車，可是我沒有足夠的錢買車。
代名詞 one 代替前面已提過的名詞，以避免重複，故選 (C) *one*
(= *a car*) 。
而 (A) it「它」指「特定的那個」，(D) this「這個」，用法均不合。
比較：I need *the car*, but I don't have enough money to buy
it. (我需要那輛車，可是我沒有足夠的錢買它。)

8. (**C**) 大部分的人非常喜歡泰國菜，因爲它嚐起來酸酸辣辣的。
(A) sound〔saʊnd〕*v.* 聽起來
(B) smell〔smɛl〕*v.* 聞起來
(C) *taste*〔test〕*v.* 嚐起來
(D) seem〔sim〕*v.* 似乎是
＊Thai〔taɪ〕*adj.* 泰國的　　sour〔saʊr〕*adj.* 酸的
spicy〔'spaɪsɪ〕*adj.* 辣的

9. (**A**) 當人們在圖書館讀書時，應該要安靜。
(A) *quiet*〔'kwaɪət〕*adj.* 安靜的
(B) quite〔kwaɪt〕*adv.* 相當地
(C) public〔'pʌblɪk〕*adj.* 公開的；公共的
(D) possible〔'pasəbl〕*adj.* 可能的
＊library〔'laɪˌbrɛrɪ〕*n.* 圖書館

10. (**A**) 積奇考試不及格很多次，但是他從未放棄。最後，他終於通過所
有的考試。
(A) *finally*〔'faɪnlɪ〕*adv.* 最後
(B) immediately〔ɪ'midɪɪtlɪ〕*adv.* 立刻
(C) particularly〔pɚ'tɪkjələˑlɪ〕*adv.* 特別地
(D) truly〔'trulɪ〕*adv.* 眞實地
＊fail〔fel〕*v.* 不及格　　*give up* 放棄
pass〔pæs〕*v.* 通過；及格

📖 TEST 38 ◆ 詳解

1. (**D**) 馬克每天早上搭捷運上學。
   - (A) traffic〔'træfɪk〕*n.* 交通
   - (B) bookworm〔'bʊk,wɜm〕*n.* 書呆子
   - (C) PE 體育（= *physical education*）
   - (D) ***MRT*** 大眾捷運系統（= *Mass Rapid Transit*）

2. (**C**) 這裡好熱。請把冷氣打開。
   - (A) communication〔kə,mjunə'keʃən〕*n.* 溝通；通訊
   - (B) software〔'sɔft,wɛr〕*n.* 軟體
   - (C) ***air-conditioner***〔'ɛr kən'dɪʃənɚ〕*n.* 冷氣機
   - (D) conversation〔,kɑnvɚ'seʃən〕*n.* 會話
   - ****turn on*** 打開（電器）

3. (**B**) 我要你每天練習。
   $$\begin{cases} \text{would like} + sb. + \text{to V.} \quad 想要某人做 \\ = \text{want} + sb. + \text{to V.} \end{cases}$$
   - ****right away*** 立刻；馬上　　practice〔'præktɪs〕*v.* 練習
   - ***morning paper*** 早報　　***on one's own*** 獨自

4. (**C**) 你所要做的就是要好好照顧你自己。
   - (A) mate〔met〕*n.* 配偶　　(B) machine〔mə'ʃin〕*n.* 機器
   - (C) ***care***〔kɛr〕*n.* 關心；照料　***take care of*** 照顧
   - (D) grade〔gred〕*n.* 成績
   - ****all** one **has to do is** + V.* 某人所必須做的是～

5. (**C**)「你是做什麼的？」「我是舞者。」
   - 問「職業」，用疑問詞 what。
   - What are you? = What do you do?
   - 疑問詞 who 問「身份；與某人的關係」，如：
   - "Who are you?" "I'm Paul's father."
   - *dancer〔'dænsɚ〕*n.* 舞者；舞蹈家

6. (**A**) 安妮阿姨有兩個畢業於台大的兒子。
    (A) *graduate* (ˈgrædʒʊˌet) *v.* 畢業
    (B) smile (smaɪl) *v.* 微笑   (C) travel (ˈtrævl̩) *v.* 旅行
    (D) criticize (ˈkrɪtəˌsaɪz) *v.* 批評
    *NTU 國立台灣大學 (= *National Taiwan University*)

7. (**A**) 媽媽不會讓溫蒂嫁給一個又懶又髒的人。
    (A) *let* (lɛt) *v.* 讓   *let sb.* **V.** 讓某人～
    (B) tell (tɛl) *v.* 告訴   (C) decide (dɪˈsaɪd) *v.* 決定
    (D) want (wɑnt) *v.* 想要
    *marry (ˈmærɪ) *v.* 娶～；嫁～   lazy (ˈlezɪ) *adj.* 懶惰的

8. (**C**) 嫁給查爾斯王子的黛安娜王妃已經去世了。
    (A) see (si) *v.* 看見   (B) hope (hop) *v.* 希望
    (C) *marry* (ˈmærɪ) *v.* 結婚
      be/get married to sb. 和某人結婚 (= *marry sb.*)
    (D) pack (pæk) *v.* 打包
    *princess (ˈprɪnsɪs) *n.* 公主；王妃   prince (prɪns) *n.* 王子
    dead (dɛd) *adj.* 去世的

9. (**C**) 他非常努力工作。他總是感到疲倦，這並不令人驚訝。
    surprise (səˈpraɪz) *v.* 使驚訝 和 tire (taɪr) *v.* 使疲倦，都是情感
    動詞，「人」做主詞，須用過去分詞，「非人」做主詞，則用現在
    分詞。It 為虛主詞，代替後面的 that 子句，故為「非人」，第一個
    空格須用 surprising (səˈpraɪzɪŋ) *adj.* 令人驚訝的，而第二個空格
    修飾 he，故用 tired (taɪrd) *adj.* 疲倦的。
    *surprised (səˈpraɪzd) *adj.* 驚訝的
    tiring (ˈtaɪrɪŋ) *adj.* 令人疲倦的

10. (**A**) 在速食店，琴不僅點了炸雞，還點了披薩。
    not only…but (also)～ 不僅…而且～
    **fast-food restaurant* 速食店   order (ˈɔrdə) *v.* 點菜
    fried chicken 炸雞   pizza (ˈpitsə) *n.* 披薩
    milk shake 奶昔   *an order of* 一份   *French fries* 薯條

📖 TEST 39 ◆ 詳解

1. (**A**) 好事留給能等待的人。

　　「*He who* + 單數動詞」相當於「*Those who* + 複數動詞」，
表「凡是～的人」。

2. (**C**) 無論他多努力嘗試，他仍然無法辦到。

　　(A) bump〔 bʌmp 〕*v.* 撞到
　　(B) know〔 no 〕*v.* 知道
　　(C) *make*〔 mek 〕*v.* 做　*make it* 辦到；成功
　　(D) graduate〔ˈgrædʒʊˌet〕*v.* 畢業
　　　　cf. graduate〔ˈgrædʒʊɪt〕*n.* 畢業生
　　＊hard〔 hɑrd 〕*adv.* 努力地

3. (**B**) 如果你讀書有那麼認真，你就會得到更好的成績。

　　$\begin{cases} \text{If you}\cdots, \text{S.} + \text{V.} & \text{如果}\cdots\text{，就～} \\ = \text{祈使句, and S.} + \text{V.} \end{cases}$

　　(A)(D) 缺少連接詞，故不選，(C) 須改為 If you listen to your
teacher。

　　＊that〔 ðæt 〕*adv.* 那樣；到那種程度　　grade〔 gred 〕*n.* 成績

4. (**B**) 有些人認為要對每個人都很好，是一個不可能的目標。

　　(A) invisible〔 ɪnˈvɪzəbl̩ 〕*adj.* 看不見的
　　(B) *impossible*〔 ɪmˈpɑsəbl̩ 〕*adj.* 不可能的
　　(C) impolite〔ˌɪmpəˈlaɪt〕*adj.* 無禮的
　　(D) impressed〔 ɪmˈprɛst 〕*adj.* 印象深刻的

5. (**B**) 我們已經又向前繼續走了二十英哩遠。

　　(A) father〔ˈfɑðɚ〕*n.* 父親
　　(B) *farther*〔ˈfɑrðɚ〕*adv.* 更遠的（far 的比較級）
　　(C) funnier〔ˈfʌnɪɚ〕*adj.* 比較好玩的（funny 的比較級）
　　(D) farmer〔ˈfɑrmɚ〕*n.* 農夫

　　＊*go on* 繼續前進

6. (**B**) 我父母告訴我哥哥不要抽煙,因爲那是個壞習慣。
> ⎰ *tell sb. + to V.* 告訴某人做~
> ⎱ *tell sb. + not to V.* 告訴某人不要做~

不定詞的否定,否定的字要放在不定詞的前面。

* smoke〔smok〕*v.* 抽煙　　habit〔'hæbɪt〕*n.* 習慣

7. (**B**) 老師要求艾迪不要<u>抄</u>其他同學的作業。
(A) care〔kɛr〕*v.* 關心
(B) *copy*〔'kɑpɪ〕*v.* 抄襲
(C) solve〔salv〕*v.* 解決
(D) kill〔kɪl〕*v.* 殺死

* *ask sb. not to V.* 要求某人不要~

8. (**D**) 我喜歡去圖書館,我可以在那裡看書和雜誌。
enjoy + V-ing 喜歡

表地點的關係副詞,用 *where* (在此等於 *in which*) 。

* library〔'laɪˌbrɛrɪ〕*n.* 圖書館　　magazine〔ˌmægə'zin〕*n.* 雜誌

9. (**A**) 五月天很受歡迎。所有歌迷會在他們的演唱會中歡呼和<u>鼓掌</u>。
(A) *applaud*〔ə'plɔd〕*v.* 鼓掌
(B) imagine〔ɪ'mædʒɪn〕*v.* 想像
(C) produce〔prə'djus〕*v.* 生產;製造
(D) punch〔pʌntʃ〕*v.* 用拳頭打

* fan〔fæn〕*n.* 迷　　cheer〔tʃɪr〕*v.* 歡呼
concert〔'kansɚt〕*n.* 演唱會

10. (**B**) 在十九世紀初,美國貧窮的小孩都被強迫要<u>日以繼夜地</u>工作。
(A) up and down　上下地
(B) *day and night*　日以繼夜
(C) to and fro　來回地
(D) back and forth　來回地

* *in the early 1800s* 在十九世紀初　　poor〔pur〕*adj.* 貧窮的
be made to V. 被強迫去~

📖 TEST 40 ◆ 詳解

1. (**C**) 這些牛仔褲在百貨公司值兩千五百元。
   (A) take〔tek〕v. 花費（時間）（以物爲主詞）
   (B) spend〔spɛnd〕v. 花費（時間或金錢）（以人爲主詞）
   (C) *cost*〔kɔst〕v. 花費（金錢）（以物爲主詞）
   (D) buy〔baɪ〕v. 買
   *jeans〔dʒinz〕n. pl. 牛仔褲　*department store* 百貨公司

2. (**B**) 我希望他行爲舉止不要像女孩子。
   (A) manage〔'mænɪdʒ〕v. 設法
   (B) *act*〔ækt〕v. 行爲
   (C) link〔lɪŋk〕v. 連接
   (D) allow〔ə'laʊ〕v. 允許

3. (**C**) 這位是筆被偷的那位男孩。
   (A) who〔hu〕pron. 誰
   (B) whom〔hum〕pron. 誰（who 的受格）
   (C) *whose*〔huz〕pron. 那個人的（who 的所有格）
   (D) that〔ðæt〕pron. 那個
   *here〔hɪr〕adv. 就在這裏

4. (**A**) 我叔叔開車開得很好，好到足以成爲冠軍。
   修飾動詞 drives 須用副詞 well，又副詞 enough 須置於所修飾的
   形容詞或副詞之後，多用於「*adj./adv.* + enough + to V.」的句型，
   表「夠～，足以…」，故選 (A)。
   *uncle〔'ʌŋkl̩〕n. 叔叔；伯父　winner〔'wɪnɚ〕n. 冠軍；優勝者

5. (**A**) 你上週末有做完功課嗎？
   助動詞之後接原形動詞，故 (C) 不合。
   而動詞 finish（完成）、practice（練習）及 enjoy（喜歡），
   其後均須接動名詞，故選 (A)。
   *weekend〔'wik'ɛnd〕n. 週末

6. (**C**) 彼得在學習使用電腦方面有困難；因此他上課總是覺得無聊。

(A) boring〔'borɪŋ〕adj. (事) 令人覺得無聊的

(B) bore〔bor〕v. 使無聊

(C) ***bored***〔bord〕adj. (人) 感到無聊的

(D) bare〔bɛr〕adj. 赤裸的

* ***have trouble (in) + V-ing*** 在～方面有困難

therefore〔'ðɛr͵for〕adv. 因此

7. (**B**) 每個人都知道人<u>沒有</u>水和氧氣不能生存。

(A) away〔ə'we〕adv. 遠離

(B) ***without***〔wɪ'ðaut〕prep. 沒有

(C) during〔'djurɪŋ〕prep. 在～期間

(D) among〔ə'mʌŋ〕prep. 在～當中

* oxygen〔'aksədʒən〕n. 氧氣

8. (**A**) 那個擅長<u>解題</u>的老師教我們數學。

(A) ***solve***〔salv〕v. 解決 (B) blush〔blʌʃ〕v. 臉紅

(C) draw〔drɔ〕v. 畫畫 (D) send〔sɛnd〕v. 寄

* ***be good at*** 擅長；精通 math〔mæθ〕n. 數學

9. (**B**) 我看到那隻貓跳進洗衣機裡。可憐的貓！

空格應填入關係代名詞，代替先行詞 the cat，須用 which 或 that，故選 (B)。而 (A) 須改爲 jump 或 jumping，因爲 saw 爲感官動詞，接受詞後，須接原形動詞或現在分詞表主動。

* jump〔dʒʌmp〕v. 跳 ***washing machine*** 洗衣機

poor〔pur〕adj. 可憐的

10. (**D**) 我小妹比我小兩歲。但是她比我高。

$$\begin{cases} \text{A } \textit{is junior to} \text{ B} \quad \text{A 比 B 小} \\ \text{A } \textit{is senior to} \text{ B} \quad \text{A 比 B 大} \end{cases}$$

片語 be junior to「比～小」中，to 爲介系詞，須接受格，故選 (D)。

* however〔hau'ɛvɚ〕adv. 然而

📖 TEST 41 ◆ 詳解

1. (**A**) 就我所知，因為那場颱風，還有一些人家裏仍然沒有水。
　　(A) *because of* 因為
　　(B) a number of 很多（加可數名詞）
　　(C) an amount of 很多（加不可數名詞）
　　(D) a kind of 一種
　　* *so far as I know* 就我所知（ = *as far as I know* ）
　　　typhoon〔taɪˋfun〕*n.* 颱風

2. (**A**) 我在舞台上突然忘了台詞。
　　(A) *lines*〔laɪnz〕*n. pl.* 台詞　　(B) road〔rod〕*n.* 道路
　　(C) street〔strit〕*n.* 街道　　(D) map〔mæp〕*n.* 地圖
　　* forget〔fɚˋgɛt〕*v.* 忘記
　　　all of a sudden 突然間（ = *suddenly* ）
　　　stage〔stedʒ〕*n.* 舞台

3. (**C**) 你所必須做的，就是坐在室內，用功讀書。
　　All one has to do is + 原形 *V.* 某人所必須做的是
　　* inside〔ˋɪnˋsaɪd〕*adv.* 在室內

4. (**C**) 在公路上，你最好小心駕駛。
　　(A) build〔bɪld〕*v.* 建造　　(B) park〔pɑrk〕*v.* 停車
　　(C) *drive*〔draɪv〕*v.* 駕駛　　(D) tease〔tiz〕*v.* 取笑
　　* *had better* + *V.* 最好～　　highway〔ˋhaɪˏwe〕*n.* 公路

5. (**D**)「你的期末考在什麼時候？」「下星期三。」
　　(A) funny〔ˋfʌnɪ〕*adj.* 好笑的
　　(B) dead〔dɛd〕*adj.* 死的
　　(C) troublesome〔ˋtrʌbl̩səm〕*adj.* 麻煩的
　　(D) *final*〔ˋfaɪnl̩〕*adj.* 最後的；期末的
　　* *final exam* 期末考

6. (**A**) 在那場颱風侵襲台灣後，台北的交通就變得很混亂。到處都看得到交通阻塞。

    (A) *jam* 〔 dʒæm 〕 *n.* 阻塞　*a traffic jam* 交通阻塞

    (B) passenger 〔'pæsṇdʒɚ 〕 *n.* 乘客

    (C) point 〔 pɔɪnt 〕 *n.* 點；重點

    (D) dream 〔 drim 〕 *n.* 夢

    *strike 〔 straɪk 〕 *v.* 侵襲（三態變化為：strike-struck-struck）

    turn 〔 tɜn 〕 *v.* 變得（ = *become* ）　　messy 〔'mɛsɪ 〕 *adj.* 雜亂的

7. (**B**) 自從我們從學校畢業以後，已經有很長一段時間了。幸運的是，這些年來我們一直保持聯絡。

    (A) come up to 走近；到達

    (B) *stay in touch* 保持聯絡（ = *keep in touch* ）

    (C) steal a glance 偷看一眼　glance 〔 glæns 〕 *n.* 匆匆看一眼

    (D) work out 運動（ = *take exercise* ）

    *luckily 〔'lʌkɪlɪ 〕 *adv.* 幸運地　　graduate 〔'grædʒʊˌet 〕 *v.* 畢業

8. (**C**) 我明天一看到大衛，就會邀請他來參加我的派對。

    as soon as「一…，就~」引導副詞子句。且表時間或條件的副詞子句，須用現在式表示未來，不可用 will 表示未來。

    *invite 〔 ɪn'vaɪt 〕 *v.* 邀請

9. (**B**) 我在五月十日出生。你在哪一天出生？

    由介系詞 on 可知，是問「幾月幾日」，故選 (B) date 〔 det 〕 *n.* 日期。而 (A) season「季節」，(C) month「月」，(D) year「年」，介系詞須用 in，在此不合。

10. (**C**) 媽媽叫我寫信給在美國的叔叔，我今天早上就把信寄出去了。

    have 為使役動詞，其用法為：

    $\begin{cases} \text{have + 人 + 原形 V.（表主動）} \\ \text{have + 物 + p.p.（表被動）} \end{cases}$

    *write to sb. 寫信給某人（ = *write a letter to sb.* ）

    uncle 〔'ʌŋkl̩ 〕 *n.* 叔叔；伯父　　mail 〔 mel 〕 *v.* 郵寄

📖 TEST 42 ◆ 詳解

1. (**A**) 杯子裡有一些咖啡。

副詞片語置於句首時，主詞若為「名詞」，須與動詞倒裝。
coffee 為物質名詞，是不可數名詞，須用單數動詞，且「地方副詞 + be 動詞」表示「有」，故選 (A)。
本句是由 Some coffee is in the cup. 倒裝而來。
＊coffee ('kɔfɪ) n. 咖啡

2. (**B**) 看科幻小說你需要運用想像力。

(A) money ('mʌnɪ) n. 錢
(B) *imagination* (ɪ,mædʒə'neʃən) n. 想像力
(C) dream (drim) n. 夢　　(D) system ('sɪstəm) n. 系統
＊*science fiction* 科幻小說 (= *sci-fi*)
　require (rɪ'kwaɪr) v. 需要　　*require sb. to V.* 需要某人～

3. (**B**) 坐在那裡的男孩正在玩電腦遊戲，玩得很高興。

(A) 須改為…talking to each other (and 連接兩個時態相同的動詞)
(C) 須改為 felt very…
(D) 須改為 stood up… (and 連接兩個時態相同的動詞)
＊*have a good time + V-ing* 玩得很愉快
　computer (kəm'pjutɚ) n. 電腦
　suddenly ('sʌdn̩lɪ) adv. 突然地

4. (**A**) 一英吋等於 2.54 公分。

(A) *inch* (ɪntʃ) n. 英吋　　(B) size (saɪz) n. 尺寸；大小
(C) time (taɪm) n. 次數　　(D) way (we) n. 道路
＊equal ('ikwəl) adj. 相等的 < to >　　point (pɔɪnt) n. 點
　centimeter ('sɛntə,mitɚ) n. 公分

5. (**B**) 我的一個朋友擁有一家製鞋工廠。他的製鞋工廠一年製造超過三萬雙的鞋子。

(A) tell (tɛl) v. 告訴；分辨

(B) *produce* ﹝ prə'djus ﹞ *v.* 生產；製造
(C) believe ﹝ bɪ'liv ﹞ *v.* 相信
(D) travel ﹝'trævḷ ﹞ *v.* 旅行
* own ﹝ on ﹞ *v.* 擁有　　*shoe factory* 製鞋工廠
more than 超過（= *over*）　　pair ﹝ pɛr ﹞ *n.* 一雙

6. (**D**) 我們班在青年公園野餐。在那裡，我們看見許多人。
$\begin{cases} \text{many} + 複數名詞 \ 許多～ \\ = \text{a lot of} + 複數名詞 \end{cases}$
(A) tree 須改為 trees，(B) child 須改為 children，
(C) bird 須改為 birds。
* *have a picnic* 去野餐

7. (**A**) A：你比較喜歡哪一個，綠色的或紅色的？
B：我不知道要買哪一個。它們兩個都不錯。
「疑問代名詞 + 不定詞」形成「名詞片語」。名詞片語就是名詞
子句的簡化。which to buy = which I should buy。

8. (**A**) 最近我不能看得很清楚。我想我必須去檢查一下我的眼睛。
(A) *see* ﹝ si ﹞ *v.* 看　　　　(B) confirm ﹝ kən'fɝm ﹞ *v.* 確認
(C) fix ﹝ fɪks ﹞ *v.* 修理　　(D) exercise ﹝'ɛksɚ,saɪz ﹞ *v.* 運動
* *be able to V.* 能夠　　lately ﹝'letlɪ ﹞ *adv.* 最近
「*have* + 受詞 + 過去分詞」表「讓～被…」。

9. (**C**) 如果我很有錢，我會把我的一些錢分給窮人。
(A) because ﹝ bɪ'kɔz ﹞ *conj.* 因為
(B) so ﹝ so ﹞ *conj.* 所以　　(C) *if* ﹝ ɪf ﹞ *conj.* 如果
(D) when ﹝ hwɛn ﹞ *conj.* 當～的時候

10. (**A**) 大部分的青少年都很喜歡羅志祥，因為他們覺得他很會說笑話。
(A) *joke* ﹝ dʒok ﹞ *n.* 笑話　　*tell jokes* 說笑話
(B) color ﹝'kʌlɚ ﹞ *n.* 顏色
(C) hero ﹝'hɪro ﹞ *n.* 英雄　　(D) reason ﹝'rizṇ ﹞ *n.* 理由
* teenager ﹝'tin,edʒɚ ﹞ *n.* 青少年

📖 TEST 43 ◆ 詳解

1. (**C**) 學生們應該遵守校規。首先，學生們應該<u>準時</u>到校。
   (A) in time　及時　　　　　　　(B) at a time　一次
   (C) **on time**　準時
   (D) with care　小心地（= *carefully*）
   * follow〔'falo〕*v.* 遵守　　　***school rules*** 校規
   first〔fɜst〕*adv.* 首先；第一點（= *first of all*）　　　***arrive at*** 到達

2. (**B**) 有些人相信在外<u>太空</u>有外星人。
   (A) star〔star〕*n.* 星星
   (B) **space**〔spes〕*n.* 太空　　***outer space*** 外太空
   (C) school〔skul〕*n.* 學校　　(D) jeep〔dʒip〕*n.* 吉普車
   * believe〔bɪ'liv〕*v.* 相信　　alien〔'elɪən〕*n.* 外星人

3. (**A**) 請讓我買杯咖啡給你。
   let 為使役動詞，接受詞後，須接原形動詞，故選 (A)。

4. (**B**) 做個好決定可能會花你很長的時間。
   「事 + take + 人 + 時間」，表「某事花某人多久時間」。
   而 spend「花費」須以人做主詞，故 (C) 不合。(A) cost〔kɔst〕*v.*
   使損失；使犧牲，cost you your life「使你犧牲生命」，(D) 使
   你覺得遺憾，均不合句意。
   * decision〔dɪ'sɪʒən〕*n.* 決定　　***make a decision*** 做決定
   lots of 許多（= *a lot of*）　　sorry〔'sɔrɪ〕*adj.* 遺憾的

5. (**B**) 我的父母兩人都會來參加宴會。
   both 的位置：
   ① 人稱代名詞主格（we, you, they）之後
   ② both + of + 人稱代名詞的受格（us, you, them）
   ③ both + the（these, those, 所有格）+ 名詞

6. (**D**) 我們學校所有學生都很緊張，因為我們下禮拜五將和我們的外籍
   老師有一場英語<u>對話</u>。

(A) communication〔kə,mjunə'keʃən〕 *n.* 溝通;通訊
(B) computer〔kəm'pjutɚ〕 *n.* 電腦
(C) convenience〔kən'vinjəns〕 *n.* 方便的事物
(D) ***conversation***〔,kɑnvɚ'seʃən〕 *n.* 對話

*nervous〔'nɝvəs〕 *adj.* 緊張的
  foreign〔'fɔrɪn〕 *adj.* 外籍的;外國的

7. (B) 我曾經聽過一首歌「那就是朋友的可貴」。它讓我想起我那在夏
威夷最好的朋友。

(A) think on 考慮 (B) ***think of*** 想起
(C) think up 想出 (D) thanks to 由於

*Hawaii〔hə'waɪji〕 *n.* 夏威夷

8. (C) 你出去時,一定要穿毛衣。外面非常冷。

(A) T-shirt〔't 'ʃɝt〕 *n.* 圓領 T 恤
(B) pants〔pænts〕 *n. pl.* 長褲
(C) ***sweater***〔'swɛtɚ〕 *n.* 毛衣
(D) shorts〔ʃɔrts〕 *n. pl.* 短褲

*freezing〔'frizɪŋ〕 *adv.* 極冷地

9. (A) 自從我們好幾個星期前見面以來,已經有好幾場重要的比賽。
連接詞 since「自從~以來」引導的副詞子句,須用過去式,
而主要子句須用現在完成式,故選 (A)。

*several〔'sɛvərəl〕 *adj.* 好幾個
  important〔ɪm'pɔrtn̩t〕 *adj.* 重要的   game〔gem〕 *n.* 比賽
  meet〔mit〕 *v.* 見面

10. (B) 我想要買王家隔壁的房子。
二個句子須有連接詞連接,故 (A)(D) 不合。
the Wangs' = the Wangs' house。

(A) 須改為 that the Wangs live in 或 where the Wangs live
(C) 須改為 which has a big garden
(D) 須改為 in which there are six rooms 或 where there are
six rooms

*next to 在~隔壁   garden〔'gɑrdn̩〕 *n.* 花園

📖 **TEST 44 ◆ 詳解**

1. (**B**) 我哥哥要上大學唸書了。他明天就要離開我們前往高雄。
   (A) future〔ˋfjutʃɚ〕n. 未來　　(B) ***college***〔ˋkɑlɪdʒ〕n. 大學
   (C) examination〔ɪɡ͵zæməˋneʃən〕n. 考試
   (D) underground〔ˋʌndɚˋɡraʊnd〕n. 地下
   * ***leave…for~*** 離開…前往~

2. (**A**) 她六點半去湯姆家。
   $\begin{cases} \text{go home（home 是副詞，故前面不加介系詞 to）} \\ \text{go to one's home（home 是名詞）} \end{cases}$
   $\begin{cases} \text{at + 時刻定點} \\ \text{in + 比較長的時間（如年、月、季節）} \\ \text{on + 特定日子} \end{cases}$
   (B) 須改為 home at five o'clock；(C) 須改為 home at 4:30；
   (D) 須改為 to school at seven o'clock 或 to school at seven-eleven

3. (**C**)「誰正在那裡騎腳踏車？」「是喬。」
   簡答句用助動詞 is，故原問句中有 be 動詞，又「騎」腳踏車，須用動詞 ride，故選 (C)。

4. (**C**) 我想知道你今晚要不要來參加我的宴會。
   if（是否）所引導的名詞子句是直述句，故有表示未來的動作或狀態，須用未來式。依句意，動作還未發生，故選 (C)。

5. (**A**) 布朗先生是個非常懶惰，且粗心的廚師，所以被他的老板開除了。
   $\begin{cases} \textit{so…as to} + V. \text{ 如此…以致於} \\ = \textit{so…that} + S. + V. \end{cases}$
   * lazy〔ˋlezɪ〕adj. 懶惰的　　careless〔ˋkɛrlɪs〕adj. 粗心的
   　cook〔kʊk〕n. 廚師　　fire〔faɪr〕v. 開除
   　boss〔bɔs〕n. 老板　　***in order not to*** 為了不要
   　please〔pliz〕v. 取悅　　customer〔ˋkʌstəmɚ〕n. 顧客
   　scare〔skɛr〕v. 驚嚇　　***scare away*** 嚇跑

offer〔'ɔfɚ〕v. 提供　　terrible〔'tɛrəbḷ〕adj. 糟糕的
meal〔mil〕n. 餐

6. (**B**) 瑪麗一家人正在尋找一間新的公寓。它必須包括所有家俱,而且要有兩個<u>有空調的</u>臥室、一個乾淨的廚房,及兩個大浴室。

(A) handsome〔'hænsəm〕adj. 英俊的

(B) *air-conditioned*〔'ɛr kən'dɪʃənd〕adj. 有空調的

(C) visible〔'vɪzəbḷ〕adj. 看得見的

(D) alone〔ə'lon〕adj. 單獨的

* *look for* 尋找　　apartment〔ə'pɑrtmənt〕n. 公寓
include〔ɪn'klud〕v. 包括　　furniture〔'fɝnɪtʃɚ〕n. 傢俱
bedroom〔'bɛd,rum〕n. 臥室　　bathroom〔'bæθ,rum〕n. 浴室

7. (**A**) 我找不到我的鑰匙,但我記得有把它們放在桌上。

$\begin{cases} \textit{remember} + \textit{V-ing} & \text{記得做過(動作已完成)} \\ \textit{remember} + \textit{to V.} & \text{記得要去做(動作未完成)} \end{cases}$

8. (**A**) 這是個我可以學到很多在過去發生的事情的科目。這個科目就是<u>歷史</u>。

(A) *history*〔'hɪstrɪ〕n. 歷史　　(B) English〔'ɪŋglɪʃ〕n. 英文

(C) music〔'mjuzɪk〕n. 音樂

(D) physical education 體育 (= *PE*)

* subject〔'sʌbdʒɪkt〕n. 科目　　*learn about* 知道關於~的事情
happen〔'hæpən〕v. 發生　　*in the past* 在過去

9. (**A**) 考試得到壞成績,沒有必要覺得悲傷。<u>畢竟</u>,沒有人可以一直得到好成績。

(A) *after all* 畢竟　　(B) each other 互相

(C) at least 至少　　(D) in case 以防;萬一

* necessary〔'nɛsə,sɛrɪ〕adj. 必要的　　grade〔gred〕n. 成績
all the time 一直;總是

10. (**A**) 洗完手之後,用這條<u>毛巾</u>擦乾。

(A) *towel*〔'tauəl〕n. 毛巾　　(B) tower〔'tauɚ〕n. 塔

(C) town〔taun〕n. 城鎮　　(D) toy〔tɔɪ〕n. 玩具

* dry〔draɪ〕v. 弄乾

📖 TEST 45 ◆ 詳解

1. (**A**) 你看起來很煩惱。發生了什麼事？
　　　happen 爲不及物動詞，不可用被動語態。
　　　若要表示「你發生了什麼事？」，則用 What happened to you?
　　　* worried〔'wɜɪd〕*adj.* 煩惱的　　　happen〔'hæpən〕*v.* 發生

2. (**D**) 這些是一直對大人很<u>有禮貌</u>的小朋友。每個人都很喜歡他們。
　　　(A) stupid〔'stjupɪd〕*adj.* 愚笨的
　　　(B) possible〔'pɑsəbḷ〕*adj.* 可能的
　　　(C) polluted〔pə'lutɪd〕*adj.* 受到污染的
　　　(D) *polite*〔pə'laɪt〕*adj.* 有禮貌的
　　　* grownup〔'gron‚ʌp〕*n.* 成人；大人

3. (**B**) 媽媽總是爲我們準備豐盛的早餐。
　　　breakfast、lunch 及 dinner 不與冠詞連用，但若有 big
　　　（豐盛的）、delicious（美味的）等形容詞時，要加 a。
　　　* prepare〔prɪ'pɛr〕*v.* 準備

4. (**D**) 告訴我實話。不要拐彎抹<u>角</u>。
　　　(A) push〔puʃ〕*v.* 推
　　　(B) woman〔'wumən〕*n.* 女士
　　　(C) policeman〔pə'lismən〕*n.* 警察
　　　(D) *bush*〔buʃ〕*n.* 灌木叢
　　　　beat around the bush 拐彎抹角（= *beat about the bush*）
　　　* truth〔truθ〕*n.* 實話

5. (**B**) 她正在爲她的墾丁之旅<u>存</u>錢。
　　　(A) believe〔bɪ'liv〕*v.* 相信
　　　(B) *save*〔sev〕*v.* 儲蓄；存（錢）
　　　(C) copy〔'kɑpɪ〕*v.* 影印；抄襲
　　　(D) cook〔kuk〕*v.* 煮
　　　* trip〔trɪp〕*n.* 旅行

6. (**A**) A：約翰和佛瑞德都不在這裡。

B：真的啊，那真令人驚訝。我還以為他們會來。

> *neither* A *nor* B 既不是 A，也不是 B（表全部否定）
>
> （做主詞時，動詞的數與 B 一致）
>
> *both* A *and* B A 和 B 兩者（動詞須用複數動詞）

> *both…not* 並非兩者都（表部分否定）
>
> = *not…both*

* surprise〔səˈpraɪz〕*n.* 令人驚訝的事物

7. (**B**) 台北的天氣經常變化很快，但是高雄的天氣通常每天都一樣。

> *the same* 一樣的
>
> A *is the same as* B A 和 B 相同

* weather〔ˈwɛðɚ〕*n.* 天氣

8. (**A**) 當比爾用溫和的聲音跟別人說話時，我們都知道他將會要求他們幫忙。

(A) *gentle*〔ˈdʒɛntl̩〕*adj.* 溫和的（須修飾名詞）

(B) gently〔ˈdʒɛntlɪ〕*adv.* 溫和地（須修飾動詞）

(C) quite〔kwaɪt〕*adv.* 相當地

(D) quietly〔ˈkwaɪətlɪ〕*adv.* 安靜地

* voice〔vɔɪs〕*n.* 聲音　　*ask sb. for help* 要求某人幫忙

9. (**D**) 湯姆：我還沒看過「金牌特務」這部電影。

　蘇　：我也沒有。

湯姆：那麼，這星期天我們一起去看這部電影。

簡略附和句：

> So + 助 V. + S.（表肯定）
>
> Neither + 助 V. + S.（表否定）

* yet〔jɛt〕*adv.* 還（沒）；尚

10. (**C**) 他從樹上掉下來，然後掉到地上。

(A) sky〔skaɪ〕*n.* 天空　　　　(B) guitar〔gɪˈtɑr〕*n.* 吉他

(C) *ground*〔graʊnd〕*n.* 地上　(D) subject〔ˈsʌbdʒɪkt〕*n.* 科目

* drop〔drɑp〕*v.* 掉落　　fall〔fɔl〕*v.* 掉落

📖 **TEST 46** ◆ 詳解

1. (**D**) 那位選手很累，所以他忍不住睡著了。
    (A) alone〔ə'lon〕*adj.* 單獨的　　　(B) alive〔ə'laɪv〕*adj.* 活著的
    (C) along〔ə'lɔŋ〕*prep.* 沿著
    (D) *asleep*〔ə'slip〕*adj.* 睡著的　*fall asleep* 睡著了
    player〔'pleɚ〕*n.* 選手　　*so…that~* 如此…以致於~
    couldn't but + V. 忍不住~（= *couldn't help + V-ing*）

2. (**D**) 艾瑞克非常用功讀書，他一定能得到好成績。
    so…that~ 如此…以致於~
    hardly〔'hardlɪ〕*adv.* 幾乎不　　　hard〔hard〕*adv.* 努力地
    work hard 努力用功；努力工作　　*be sure to* 一定
    grade〔gred〕*n.* 成績

3. (**A**) 有許多英文字是由法語引用而來的，例如：beef（牛肉）、pork
    （豬肉），以及 mutton（羊肉）。
    (A) *borrow*〔'baro〕*v.* 引用；借入　(B) rent〔rɛnt〕*v.* 租
    (C) lend〔lɛnd〕*v.* 借出　　　　　　(D) keep〔kip〕*v.* 保持
    French〔frɛntʃ〕*n.* 法文　　beef〔bif〕*n.* 牛肉
    pork〔pork〕*n.* 豬肉　　　mutton〔'mʌtn̩〕*n.* 羊肉
    for example 舉例來說（= *for instance*）

4. (**B**) 當我走進教室時，我聽見有人叫我的名字。
    hear 為感官動詞，其用法為：

    hear + 受詞 +
$$\begin{cases} 原形\ V. （表主動） \\ V\text{-}ing （表主動進行） \\ p.p. （表被動） \end{cases}$$

    依句意，名字是「被叫到」，為被動，故選 (B) *called*。
    as〔æz〕*conj.* 當~時候　　classroom〔'klæs,rum〕*n.* 教室

5. (**A**) 爸爸太忙了，所以我將幫他洗車。
$$\begin{cases} help + sb. + (to)\ V. \ 幫忙某人做某事 \\ = help + sb. + with + sth. \end{cases}$$

6. (**C**) 琳達希望在不久的將來，她可以擁有一間有座美麗花園的大房子。
(A) problem〔'prɑbləm〕*n.* 問題
(B) village〔'vɪlɪdʒ〕*n.* 村莊　(C) *garden*〔'gɑrdn̩〕*n.* 花園
(D) accident〔'æksədənt〕*n.* 車禍；意外
*own〔on〕*v.* 擁有　　*in the near future* 在不久的將來

7. (**B**) A：不管他有沒有來，我都要去花蓮旅行；反正我不大喜歡他。
B：他是個大嘴巴。
whether 和 if 都有表達「是否」的意思，但 whether 引導副詞
子句時，一定要與 or not 連用，if 則無此用法。
本句也可說成：Whether he comes or not, … 。
whether or not 無論是否　　*go on the trip* 去旅行
anyway〔'ɛnɪˏwe〕*adv.* 無論如何；反正
have a big mouth 大嘴巴；多嘴

8. (**C**) 當他賺夠了錢，他將去環遊世界。
表時間或條件的副詞子句，須用現在式表示未來，不可用 will
表示未來。
make money 賺錢　　travel〔'trævl̩〕*v.* 旅行
all over the world 全世界

9. (**B**) 約翰的媽媽叫他每個星期要除草。
(A) feed〔fid〕*v.* 餵　　　　(B) *weed*〔wid〕*v.* 除草
(C) wash〔wɑʃ〕*v.* 洗　　　　(D) wish〔wɪʃ〕*v.* 希望
make + sb. + V. 叫某人～　　lawn〔lɔn〕*n.* 草坪；草地
weed the lawn 除草

10. (**A**) 街頭小販在他的攤位上，攤開一張古老的毛毯，想要賣給一位外
國人。
(A) *spread*〔sprɛd〕*v.* 攤開 (三態變化是：spread-spread-spread)
(B) criticize〔'krɪtəˏsaɪz〕*v.* 批評
(C) create〔krɪ'et〕*v.* 創造　　(D) link〔lɪŋk〕*v.* 連接
*vendor〔'vɛndɚ〕*n.* 小販　　carpet〔'kɑrpɪt〕*n.* 地毯
stand〔stænd〕*n.* 攤位　　foreigner〔'fɔrɪnɚ〕*n.* 外國人

📖 TEST 47 ◆ 詳解

1. (**C**) 上週末，我收到一件很棒的夾克。是媽媽給我的。

表「買給某人某物」，用：
$\begin{cases} \text{buy} + 人 + 物 \\ \text{buy} + 物 + \text{for} + 人 \;(物爲代名詞時，僅適用此句型) \end{cases}$

表「給某人某物」，用：
$\begin{cases} \text{give} + 人 + 物 \\ \text{give} + 物 + \text{to} + 人 \;(物爲代名詞時，僅適用此句型) \end{cases}$

＊weekend〔'wik‚ɛnd〕*n.* 週末　　jacket〔'dʒækɪt〕*n.* 夾克

2. (**C**) 外面陽光普<u>照</u>，但我的心中在下雨。

(A) develop〔dɪ'vɛləp〕*v.* 發展
(B) enter〔'ɛntɚ〕*v.* 進入　　(C) *shine*〔ʃaɪn〕*v.* 照耀
(D) fight〔faɪt〕*v.* 打架

＊outside〔'aʊt‚saɪd〕*adv.* 外面　　mind〔maɪnd〕*n.* 心

3. (**A**) 小朋友從<u>大門</u>進入花園。

(A) *gate*〔get〕*n.* 大門　　　　(B) fake〔fek〕*n.* 仿冒品
(C) fire〔faɪr〕*n.* 火　　　　　(D) light〔laɪt〕*n.* 燈

＊garden〔'gɑrdn̩〕*n.* 花園　　through〔θru〕*prep.* 通過

4. (**D**) 醫生太忙了，以致於無法吃午餐。

so…that~ 如此…以致於~
too…to~ 太…以致於不~
本句可改寫爲：The doctor is *too* busy *to* eat lunch.

5. (**B**) 他<u>打開</u>燈，立刻就趕走他住處的黑暗。

(A) turn off 關掉（電器）　　(B) *turn on* 打開（電器）
(C) turn over 翻轉
(D) turn down 關小聲（↔ *turn up* 開大聲）

＊*drive away* 趕走　　darkness〔'dɑrknɪs〕*n.* 黑暗
place〔ples〕*n.* 住處　　*at once* 立刻

6. (**C**) 你知道在哪裡的商店可以找到電腦程式？

表地點，關係副詞用 where，在此等於 in which。

而 (A) which，(B) that 都是關係代名詞，在子句中須做主詞或

受詞，(D) of which 等於 whose，均用法不合。

*computer〔kəm'pjutɚ〕n. 電腦　　program〔'progræm〕n. 程式

7. (**D**) 擁擠交通的噪音讓現代人容易生氣。

(A) street〔strit〕n. 街道

(B) number〔'nʌmbɚ〕n. 數目

(C) envelope〔'ɛnvə‚lop〕n. 信封

(D) *noise*〔nɔɪz〕n. 噪音

*heavy〔'hɛvɪ〕adj. 大量的　　traffic〔'træfɪk〕n. 交通

modern〔'modən〕adj. 現代的　　easily〔'izɪlɪ〕adv. 容易地

8. (**B**) 像他這樣的紳士說髒話很不尋常。

(A) usual〔'juʒʊəl〕adj. 平常的

(B) *unusual*〔ʌn'juʒʊəl〕adj. 不尋常的

(C) certain〔'sɝtn̩〕adj. 確定的

(D) uncertain〔ʌn'sɝtn̩〕adj. 不確定的

*gentleman〔'dʒɛntl̩mən〕n. 紳士　　letter〔'lɛtɚ〕n. 字母

four-letter word 四個字母的字；髒話

9. (**D**) 他對著那位在街角賣火柴的貧窮小女孩說：「不用找了。」

(A) look〔luk〕v. 看　　　　　　(B) drink〔drɪŋk〕v. 喝

(C) peep〔pip〕v. 偷看　　　　(D) *keep*〔kip〕v. 保留；保持

*change〔tʃendʒ〕n. 零錢　　*Keep the change*. 不用找了。

match〔mætʃ〕n. 火柴　　corner〔'kɔrnɚ〕n. 轉角

10. (**B**) 每天晚上，我會和所有的家人一起聚在飯廳吃晚餐。

(A) garage〔gə'rɑʒ〕n. 車庫

(B) *dining room*〔'daɪnɪŋ ‚rum〕n. 飯廳

(C) bedroom〔'bɛd‚rum〕n. 臥室

(D) restroom〔'rɛst‚rum〕n. 廁所

**get together* 團聚

📖 TEST 48 ◆ 詳解

1. (**D**) 我要求我的兒子不要看太多電視。

$$\begin{cases} \textbf{\textit{ask sb.}} + \textbf{\textit{to V.}} \ 要求某人\sim \\ \textbf{\textit{ask sb.}} + \textbf{\textit{not to V.}} \ 要求某人不要\sim \end{cases}$$

不定詞的否定，否定的字須放在不定詞前面。

2. (**D**) 去年四月英國的天氣怎麼樣？

問「天氣如何？」，用 $\begin{cases} \textbf{\textit{What}} \text{ is the weather } \textbf{\textit{like}}? \\ \textbf{\textit{How}} \text{ is the weather?} \end{cases}$

又 last April「去年四月」，為表過去的時間副詞，故用過去式，選 (D)。

*England〔'ɪŋglənd〕 *n.* 英國

3. (**C**) 他是個主動的學習者。他藉由問問題而學得比較好。

表「藉由～（方法）」，介系詞用 *by*。

*active〔'æktɪv〕 *adj.* 主動的　　question〔'kwɛstʃən〕 *n.* 問題

4. (**B**) 「比爾，去應門。」

(A) sink〔sɪŋk〕 *v.* 下沉
(B) **answer**〔'ænsɚ〕 *v.* 應門；回答；接電話
(C) insist〔ɪn'sɪst〕 *v.* 堅持
(D) respond〔rɪ'spɑnd〕 *v.* 回答

***go** + **V.** 去～（= go to V. = go and V.）

5. (**D**) 他舔了一下郵票，把它貼在信封上。

(A) look〔lʊk〕 *v.* 看　　　　(B) cook〔kʊk〕 *v.* 煮
(C) ruin〔'ruɪn〕 *v.* 破壞　　 (D) **lick**〔lɪk〕 *v.* 舔

*stamp〔stæmp〕 *n.* 郵票
stick〔stɪk〕 *v.* 黏貼（三態變化為：stick-stuck-stuck）
envelope〔'ɛnvə,lop〕 *n.* 信封

6. (**A**) 因為那位英俊的明星走向她，珍覺得既緊張又興奮。

(A) **toward**〔tord〕 *prep.* 朝；向

(B) over〔'ovɚ〕*prep.* 在～之上
(C) on〔ɑn〕*prep.* 在～之上
(D) off〔ɔf〕*prep.* 離開
*handsome〔'hænsəm〕*adj.* 英俊的　　star〔stɑr〕*n.* 明星
nervous〔'nɜvəs〕*adj.* 緊張的　　excited〔ɪk'saɪtɪd〕*adj.* 興奮的

7. (**A**) 我的祖母給我一個音樂盒作爲生日禮物。
(A) ***box***〔bɑks〕*n.* 盒子　　(B) fox〔fɑks〕*n.* 狐狸
(C) six〔sɪks〕*n.* 六　　　　　(D) mix〔mɪks〕*v.* 混合
music box 音樂盒　　present〔'prɛznt〕*n.* 禮物

8. (**B**) 馬總統從美國回來以後,告訴新聞界,他會爲台灣的經濟做很多
的事情。
(A) go〔go〕*v.* 去
(B) ***return***〔rɪ'tɜn〕*v.* 回來;歸還
(C) bring〔brɪŋ〕*v.* 帶來
(D) reach〔ritʃ〕*v.* 到達
*president〔'prɛzədənt〕*n.* 總統　　***the press*** 新聞界
economy〔ɪ'kɑnəmɪ〕*n.* 經濟

9. (**A**) 每次你進入公園,你總是可以在那裡發現一些新面孔。
(A) ***face***〔fes〕*n.* 臉;面孔
(B) season〔'sizn̩〕*n.* 季節
(C) tip〔tɪp〕*n.* 秘訣
(D) typhoon〔taɪ'fun〕*n.* 颱風
*enter〔'ɛntɚ〕*v.* 進入

10. (**A**) 地面是濕的,所以昨天晚上一定有下雨。
(A) ***wet***〔wɛt〕*adj.* 潮濕的
(B) dry〔draɪ〕*adj.* 乾燥的
(C) vacuum〔'vækjəm〕*v.* 用吸塵器打掃
(D) mop〔mɑp〕*v.* (用拖把)拖地
*ground〔graʊnd〕*n.* 地面
must have + *p.p.* 當時一定【表對過去肯定的推測】

📖 TEST 49 ◆ 詳解

1. (**B**) 我記得我見過跟湯姆說話的男士。

先行詞為 the man，故關代受格用 whom 或 who，又受格可省略，故選 (B)。(A) 須改為 who Tom spoke to 或 whom Tom spoke to，(C) 須改為 who Mark worked with，(D) 須改為 whom Mark worked with 或 whom Mark worked for。

remember + V-ing 記得做過~

talk to 和~講話 (= *speak to*)　　　*work with* 和~一起工作

2. (**B**) A：你要什麼樣的蛋？

　　B：_____

(A) 給我一打。　　　　　　　　(B) 只要煎一面就好。

(C) 它們非常美味。

(D) 不關你的事。(= *Mind your own business.*)

dozen ('dʌzn̩) n. 一打

sunny-side up ('sʌnɪ,saɪd'ʌp) *adj.* (蛋) 只煎一面的

3. (**D**) 第一冊比第五冊簡單多了。

than 為表「比較」的連接詞，故空格須填一比較級形容詞，故 (A) 不合。又 easy 的比較級為 easier，且可用副詞 much 來加強語氣，故選 (D) *much easier*，而 very 只能修飾原級形容詞，故 (C) 用法不合。

4. (**A**) 我想知道我是否可以問你一個問題。

(A) *wonder* ('wʌndə) *v.* 想知道

(B) wander ('wɑndə) *v.* 流浪　　(C) wound (wund) *v.* 傷害

(D) would (wud) *aux.* 將；願意

whether ('hwɛðə) *conj.* 是否 (= *if*)

5. (**C**) 你要不要留言給他？

(A) think (θɪŋk) *v.* 想；認為　　(B) boil (bɔɪl) *v.* 沸騰

(C) *leave* (liv) *v.* 留下　　　　(D) arrive (ə'raɪv) *v.* 到達

leave a message 留言

6. (**C**) 平均上，已經有超過五萬名乘客，每天搭地鐵去上班。

「there + be 動詞」表「有」，其現在完成式是 there have
been，故選 (C)。

*on average 平均上
passenger〔ˋpæsn̩dʒɚ〕n. 乘客　　subway〔ˋsʌb‚we〕n. 地鐵

7. (**D**) 下午茶時間就是在這段時間內，你可以藉由喝茶、吃點心，來放
鬆自己。

(A) snake〔snek〕n. 蛇　　　　(B) shake〔ʃek〕n. 搖動
(C) shot〔ʃɑt〕n. 投球
(D) **snack**〔snæk〕n. 點心；零食

*break〔brek〕n. 休息時間
period〔ˋpɪrɪəd〕n. 期間；一段時間　　relax〔rɪˋlæks〕v. 放鬆

8. (**C**) 如果你在晚上彈鋼琴彈得太大聲，會打擾到你的鄰居。

(A) illegally〔ɪˋligl̩ɪ〕adv. 違法地
(B) clearly〔ˋklɪrlɪ〕adv. 清楚地
(C) **loudly**〔ˋlaʊdlɪ〕adv. 大聲地
(D) fashionably〔ˋfæʃənəblɪ〕adv. 流行地；時髦地

***play the piano** 彈鋼琴　　**at night** 在晚上
bother〔ˋbɑðɚ〕v. 打擾　　neighbor〔ˋnebɚ〕n. 鄰居

9. (**A**) 如果你闖紅燈，你可能會被罰新台幣一千八百元。

(A) **through**〔θru〕prep. 穿越　　**run through** 闖越
(B) though〔ðo〕conj. 雖然
(C) thought〔θɔt〕n. 思想
(D) thousand〔ˋθaʊzənd〕n. 千

***red light** 紅燈　　fine〔faɪn〕v. 罰款
run through a red light 闖紅燈

10. (**D**) 當有人被蛇咬到時，他應該先弄清楚地是哪一種蛇。

(A) hear〔hɪr〕v. 聽見　　　　(B) find〔faɪnd〕v. 發現
(C) sleep〔slip〕v. 睡覺　　　　(D) **bite**〔baɪt〕v. 咬

***find out** 查明　　kind〔kaɪnd〕n. 種類　　first〔fɝst〕adv. 首先

📖 TEST 50 ◆ 詳解

1. (**C**) 我記不起來從這裡要怎麼走。

名詞子句為間接問句的形式，主詞與動詞不須倒裝，故選 (C)。
where 引導名詞子句，做動詞 remember 的受詞。
而 (A) 須改為 where we go，(B) 須改為 where we are going，
(D) 須改為 how far we should be going。

2. (**A**) 進入房子之前，請脫鞋。

(A) *enter* 〔'ɛntə〕 v. 進入　　　(B) forget 〔fə'gɛt〕 v. 忘記
(C) prepare 〔prɪ'pɛr〕 v. 準備
(D) notice 〔'notɪs〕 v. 注意

take off 脫掉（↔ *put on* 穿上）　　shoe 〔ʃu〕 n. 鞋子

3. (**D**) 他們就讀基隆附近一所有名的中學。

(A) open 〔'opən〕 v. 打開　　　(B) live 〔lɪv〕 v. 住
(C) teach 〔titʃ〕 v. 教書
(D) *attend* 〔ə'tɛnd〕 v. 上（學）；參加

*famous 〔'feməs〕 adj. 有名的

4. (**D**) 你昨晚一定念書念到很晚。你看起來很疲倦。

$$\begin{cases} \textit{must} + \textbf{V}. & \text{一定（對現在肯定事實的推測）} \\ \textit{must have} + \textbf{p.p.} & \text{當時一定（對過去肯定事實的推測）} \end{cases}$$

*not…at all 一點也不　　tired 〔taɪrd〕 adj. 疲倦的

5. (**C**) 有些學生在選擇要買什麼時有困難。

$$have \begin{cases} \textbf{\textit{trouble}} \\ \textbf{\textit{difficulty}} \\ \textbf{\textit{problems}} \\ \textbf{\textit{a hard time}} \end{cases} + (\textbf{\textit{in}}) + \textbf{\textit{V-ing}} \quad \sim 有困難$$

*choose 〔tʃuz〕 v. 選擇

6. (**C**) 我哥哥比我重，但是他可以跳得比我高。

(A) volunteer 〔ˌvɑlən'tɪr〕 v. 自願

(B) spell〔spɛl〕v. 拼（字）

(C) *jump*〔dʒʌmp〕v. 跳　　(D) invite〔ɪn'vaɪt〕v. 邀請

*heavy〔'hɛvɪ〕adj. 重的

7. (**B**) 大部分的年輕女孩都<u>喜歡</u>又高又酷的男孩，雖然<u>那些</u>男孩不一定是理想的對象。

(A) be proud of 以～為榮　　(B) *be fond of* 喜歡～

(C) be afraid of 害怕～　　(D) be tired of 厭倦～

*cool〔kul〕adj. 酷的　　*not always* 未必；不一定

ideal〔aɪ'diəl〕adj. 理想的　　mate〔met〕n. 配偶

8. (**B**) 我使自己看起來像是橄欖球選手。

make 為使役動詞，其用法為：make + 受詞 + 原形 V.，故 (C) (D) 不合。又動詞的受詞若與主詞指同一人時，要用反身代名詞，I 的反身代名詞是 *myself*，故選 (B)。

*football〔'fut,bɔl〕n. 美式足球；橄欖球

9. (**B**) 我的臥房在二樓。昨天晚上我覺得肚子餓，所以<u>下樓</u>到一樓的廚房去找東西吃。

(A) downstair〔'daʊn'stɛr〕adj. 樓下的

(B) *downstairs*〔'daʊn'stɛrz〕adv. 到樓下

(C) upstair〔'ʌp'stɛr〕adj. 樓上的

(D) upstairs〔'ʌp'stɛrz〕adv. 到樓上

*bedroom〔'bɛd,rum〕n. 臥房

floor〔flor〕n.（建築物的）樓；層

hungry〔'hʌŋgrɪ〕adj. 飢餓的

10. (**C**) 當人們停止講某種語言時，那語言就不再存在和成長。

依句意，是人們「停止講」某種語言，而 stop 後面須接 V-ing，才表「停止做」，故 (A) (D) 不合。又二句子句須有連接詞來連接，且表「說」某種語言時，speak 為及物動詞，須接受詞，故 (B) 不合，選 (C)。

*language〔'læŋgwɪdʒ〕n. 語言　　*no longer* 不再

row〔gro〕v. 成長

📖 TEST 51 ◆ 詳解

1. (**D**) <u>報紙</u>可以告訴我們世界上正在發生的事。
    (A) history〔'hɪstrɪ〕*n.* 歷史
    (B) math〔mæθ〕*n.* 數學（= *mathematics*）
    (C) poster〔'postɚ〕*n.* 海報
    (D) *newspaper*〔'njuz,pepɚ〕*n.* 報紙
    *happen〔'hæpən〕*v.* 發生　　***in the world*** 世界上

2. (**C**) 他從不曾在這家餐廳吃飯，我也不曾。
    簡略附和句：
$$\begin{cases} so + 助 V. + S.（表肯定） \\ neither + 助 V. + S.（表否定） \end{cases}$$
    依句意為否定，且助動詞須用 do。
    *restaurant〔'rɛstərənt〕*n.* 餐廳

3. (**A**) 蘿絲在冰冷的海上，用雙手緊緊地<u>抓著</u>某樣東西。
    (A) *hold*〔hold〕*v.* 抓住
    (B) found〔faʊnd〕*v.* 建立
    (C) have〔hæv〕*v.* 有；吃　　(D) die〔daɪ〕*v.* 死
    *firmly〔'fɝmlɪ〕*adv.* 堅定地　　icy〔'aɪsɪ〕*adj.* 冰的

4. (**D**) 既然那裡離這裡這麼遠，你何不搭公車？
$$\begin{cases} ***Why not*** + 原形 ***V***.? 為何不～ ？ \\ = ***Why don't you*** + 原形 ***V***.? \end{cases}$$
    let's + 原形 ***V***. 讓我們～
    *since〔sɪns〕*conj.* 既然（= *now that*）　　***right now*** 立刻
    get on 上（車）

5. (**C**) 這本雜誌花了你很多錢，不是嗎？
    前面是肯定句，附加問句須用否定句，且前面是過去式動詞 cost
    （注意 cost 三態同形），故助動詞用 did，選 (C)。而 didn't it?
    是 didn't it cost you a lot of money? 的省略疑問句。

*magazine〔͵mægə'zin〕n. 雜誌

cost〔kɔst〕v. (令人)花費(多少錢)

6. (**A**) 我養成每天用<u>收音機</u>聽「大家說英語」的習慣。

(A) **radio**〔'redɪ͵o〕n. 收音機

(B) program〔'progræm〕n. 節目

(C) book〔buk〕n. 書 (D) tree〔tri〕n. 樹

***keep it a habit to V.** 養成~的習慣 **listen to** 收聽

7. (**C**) 數學老師很<u>嚴格</u>,所以每個學生都很怕他。

(A) comfortable〔'kʌmfətəbl̩〕adj. 舒適的

(B) frightened〔'fraɪtn̩d〕adj. 害怕的

(C) **strict**〔strɪkt〕adj. 嚴格的

(D) surprised〔sə'praɪzd〕adj. (人)感到驚訝的

*scared〔skɛrd〕adj. 害怕的

be scared of 害怕~ (= be afraid of)

8. (**C**) 我們的規則和你們的規則可能不一樣。但是如果它們能使我們班上更好,它們就是有用的。

yours = your rules

*rule〔rul〕n. 規則 different〔'dɪfərənt〕adj. 不同的

9. (**A**) 每年的這個時候,春天的呼喚<u>叫醒</u>沉睡的熊。

(A) **wake**〔wek〕v. 叫醒 **wake~up** 叫醒~

(B) wash〔wɑʃ〕v. 洗

(C) shut〔ʃʌt〕v. 關閉

(D) lock〔lɑk〕v. 鎖上

*call〔kɔl〕n. 呼喚 sleeping〔'slipɪŋ〕adj. 正在睡覺的

bear〔bɛr〕n. 熊

10. (**B**) 彼得數學考不好,因此他需要更用功念書。

人 + need + to V. 某人需要~

$$\left.\begin{array}{l}\text{物 + need + to be p.p.}\\ \text{物 + need + V-ing}\end{array}\right\}\text{某物需要被~}$$

***do well** 考得好

📖 TEST 52 ◆ 詳解

1.(**C**) 父親節我們<u>決定</u>送父親一副太陽眼鏡。
　　(A) change〔tʃendʒ〕*v.* 改變
　　(B) become〔bɪˈkʌm〕*v.* 變成
　　(C) *decide*〔dɪˈsaɪd〕*v.* 決定
　　(D) train〔tren〕*v.* 訓練
　　*a pair of 一副　　sunglasses〔ˈsʌnˌglæsɪz〕*n. pl.* 太陽眼鏡

2.(**B**)【諺】需要爲<u>發明</u>之母。
　　(A) vacation〔veˈkeʃən〕*n.* 假期
　　(B) *invention*〔ɪnˈvɛnʃən〕*n.* 發明
　　(C) conversation〔ˌkɑnvɚˈseʃən〕*n.* 會話
　　(D) station〔ˈsteʃən〕*n.* 車站
　　*necessity〔nəˈsɛsətɪ〕*n.* 需要

3.(**C**)【諺】打翻牛奶，哭也沒用；覆水難收。
　　(A) no way 不行
　　(B) no wonder 難怪
　　(C) *no use* 沒有用　*It is no use + V-ing* ～是沒有用的
　　(D) not at all 一點也不
　　*cry over 爲～而哭　　spilt〔spɪlt〕*adj.* 灑出的

4.(**C**) 拿這個玻璃杯要小心；我不想讓它被打破。
　　祈使句爲省略主詞 you 的形式，須用原形動詞。
　　*hold〔hold〕*v.* 拿；握住　　carefully〔ˈkɛrfəlɪ〕*adv.* 小心地
　　 break〔brek〕*v.* 打破 (三態變化爲：break-broke-broken)

5.(**A**) 我們還沒接到女兒的消息。
　　not…yet「尙未」，和現在完成式連用，用於否定句和疑問句。
　　而 (B) ago「以前」，(C) until「直到～爲止」及 (D) two days
　　「兩天」，用法不合。
　　*news〔njuz〕*n.* 消息；音訊

6. (**C**) 我們無法改變我們的<u>過去</u>，但是我們卻可以改變我們的未來。
    (A) concentration〔ˌkɑnsṇˈtreʃən〕 *n.* 專心
    (B) decoration〔ˌdɛkəˈreʃən〕 *n.* 裝飾
    (C) ***past***〔pæst〕 *n.* 過去
    (D) novel〔ˈnɑvḷ〕 *n.* 小說
    ＊different〔ˈdɪfərənt〕 *adj.* 不同的

7. (**A**) 伯朗先生昨天晚上太晚回家，所以被他太太<u>鎖</u>在門外。
    (A) ***lock***〔lɑk〕 *v.* 鎖上
    (B) practice〔ˈpræktɪs〕 *v.* 練習
    (C) join〔dʒɔɪn〕 *v.* 參加
    (D) worry〔ˈwɝɪ〕 *v.* 擔心

8. (**D**) 英語被六十億人口使用，當作為商業及科學的世界<u>語言</u>。
    (A) brake〔brek〕 *n.* 煞車
    (B) blackboard〔ˈblækˌbord〕 *n.* 黑板
    (C) traffic〔ˈtræfɪk〕 *n.* 交通
    (D) ***language***〔ˈlæŋgwɪdʒ〕 *n.* 語言
    ＊use〔juz〕 *v.* 使用   million〔ˈmɪljən〕 *n.* 百萬
    business〔ˈbɪznɪs〕 *n.* 商業   science〔ˈsaɪəns〕 *n.* 科學

9. (**C**) 誰每天為你做早餐？
    every day「每天」，與現在簡單式連用，又 who「誰」為第三
    人稱單數，故選 (C) ***makes***。

10. (**A**) 捷運系統使得交通運輸更方便和<u>舒適</u>。
    (A) ***comfortable***〔ˈkʌmfɚtəbḷ〕 *adj.* 舒適的
    (B) silly〔ˈsɪlɪ〕 *adj.* 愚笨的
    (C) dangerous〔ˈdendʒərəs〕 *adj.* 危險的
    (D) surprised〔səˈpraɪzd〕 *adj.* (人) 感到驚訝的
    ＊***MRT system*** 大眾捷運系統 (= *Mass Rapid Transit system*)
    transportation〔ˌtrænspɚˈteʃən〕 *n.* 交通運輸
    convenient〔kənˈvinjənt〕 *adj.* 方便的

📖 TEST 53 ◆ 詳解

1.(**A**) 看看你<u>是否</u>可以在端午節讓雞蛋站起來。
   (A) *if* 〔 ɪf 〕 *conj.*　是否　　　　(B) when 〔 hwɛn 〕 *pron.*　何時
   (C) what 〔 hwɑt 〕 *pron.*　什麼
   (D) which 〔 hwɪtʃ 〕 *pron.*　哪一個
   **Dragon Boat Festival* 端午節

2.(**D**) 相信我。這是你所編造的故事中最好的。
   ever「曾經」可用來加強最高級的語氣，等於 at any time，與
   現在完成式連用，表「過去某時到現在的經驗」。
   *believe 〔 bɪˈliv 〕 *v.* 相信　　*make up* 編造

3.(**D**) 你知道不知道她為什麼改變<u>心意</u>？
   (A) size 〔 saɪz 〕 *n.* 尺寸；大小
   (B) pinball 〔ˈpɪnˌbɔl 〕 *n.* 鋼珠
   (C) lap 〔 læp 〕 *n.* 膝上　　　　(D) *mind* 〔 maɪnd 〕 *n.* 心意
   **change one's mind* 某人改變心意

4.(**D**) 夏天是一年當中我最喜愛的<u>季節</u>。
   (A) month 〔 mʌnθ 〕 *n.* 月份　　(B) holiday 〔ˈhɑləˌde 〕 *n.* 假日
   (C) instant 〔ˈɪnstənt 〕 *n.* 瞬間　　(D) *season* 〔ˈsizn̩ 〕 *n.* 季節
   *favorite 〔ˈfevərɪt 〕 *adj.* 最喜愛的

5.(**C**) 那個新的電動玩具有什麼<u>特別</u>的地方？
   (A) real 〔ˈriəl 〕 *adj.* 真正的
   (B) hungry 〔ˈhʌŋgrɪ 〕 *adj.* 飢餓的
   (C) *special* 〔ˈspɛʃəl 〕 *adj.* 特別的
   (D) worried 〔ˈwɝɪd 〕 *adj.* 煩惱的
   *video game 電動玩具

6.(**C**) 如果你覺得整天讀書很無聊，你可以<u>去外面</u>呼吸新鮮的空氣。
   (A) outdoor 〔ˈaʊtˌdor 〕 *adj.* 戶外的

(B) indoor〔'ɪn͵dor〕*adj.* 室內的

(C) ***outside***〔'aʊt'saɪd〕*adv.* 外面

(D) outer space〔'aʊtɚ 'spes〕*n.* 外太空

*****all day** 一整天   fresh〔frɛʃ〕*adj.* 新鮮的

7. (**D**) 醫生建議父親爲了他的<u>健康</u>，應該要戒煙。

(A) action〔'ækʃən〕*n.* 行動

(B) museum〔mju'ziəm〕*n.* 博物館

(C) practice〔'præktɪs〕*n.* 練習

(D) ***health***〔hɛlθ〕*n.* 健康

*****suggest〔sə'dʒɛst〕*v.* 建議   quit〔kwɪt〕*v.* 戒除

quit + V-ing 戒～

8. (**C**) 好的學習者<u>專心</u>於他們的學業，而且不會害怕問問題。

(A) charge〔tʃɑrdʒ〕*v.* 索費；記帳

(B) examine〔ɪg'zæmɪn〕*v.* 檢查

(C) ***concentrate***〔'kɑnsn͵tret〕*v.* 專心 *< on >*

(D) answer〔'ænsɚ〕*v.* 回答

*****studies〔'stʌdɪz〕*n. pl.* 學業   afraid〔ə'fred〕*adj.* 害怕的

be afraid of 害怕   question〔'kwɛstʃən〕*n.* 問題

9. (**A**) 我先生喜歡閱讀，而我喜歡園藝。我先生和我喜歡<u>不同</u>的東西。
我們一點也不相同。

(A) ***different***〔'dɪfərənt〕*adj.* 不同的

(B) convenient〔kən'vinjənt〕*adj.* 方便的

(C) thick〔θɪk〕*adj.* 厚的   (D) heavy〔'hɛvɪ〕*adj.* 重的

*****gardening〔'gɑrdn͵ɪŋ〕*n.* 園藝   ***not…at all*** 一點也不

10. (**A**) 所有的行人以及駕駛人都應該<u>遵守</u>交通規則。

(A) ***follow***〔'fɑlo〕*v.* 遵循；遵守

(B) burn〔bɝn〕*v.* 燃燒   (C) bump〔bʌmp〕*v.* 撞到

(D) find〔faɪnd〕*v.* 找到；發現

*****traffic rules*** 交通規則   pedestrian〔pə'dɛstrɪən〕*n.* 行人

driver〔'draɪvɚ〕*n.* 司機；駕駛人·

📖 TEST 54 ◆ 詳解

1. (**A**) 湯姆讀英文已經有很長一段時間了。

　　 for a long time「很長一段時間」，須與現在完成式連用，故選
　　 (A)。而 (B) some day「有一天；有朝一日」，與未來式連用，
　　 (C) in the future「在未來」，與未來式連用，(D) last month
　　「上個月」，則與過去簡單式連用，在此用法均不合。

　　 future〔'fjutʃɚ〕n. 未來　　 month〔mʌnθ〕*n.* 月

2. (**B**) 我想要試穿那件中碼的藍色洋裝。

　　 (A) minute〔'mɪnɪt〕*n.* 分
　　 (B) *medium*〔'midɪəm〕*adj.* 中等的
　　 (C) color〔'kʌlɚ〕*n.* 顏色
　　 (D) moment〔'momənt〕*n.* 片刻；一會兒

　　 try on 試穿　　 dress〔drɛs〕*n.* 洋裝

3. (**C**) 如果明天下雨，我就不會去那裡。

　　 表時間或條件的副詞子句，須用現在式表示未來，不可用 will 表
　　 示未來。

4. (**C**) 只有愚笨的學生才會想要在考試中作弊。

　　 (A) national〔'næʃənḷ〕*adj.* 國家的；全國的
　　 (B) healthy〔'hɛlθɪ〕*adj.* 健康的
　　 (C) *stupid*〔'stjupɪd〕*adj.* 愚笨的
　　 (D) angry〔'æŋgrɪ〕*adj.* 生氣的

　　 cheat〔tʃit〕v. 作弊

5. (**C**) 在台北，人們必須要支付特別的垃圾袋費用，而這些袋子有點貴。

　　 (A) worker〔'wɝkɚ〕*n.* 工人　　 (B) food〔fud〕*n.* 食物
　　 (C) *bag*〔bæg〕*n.* 袋子　　　 (D) question〔'kwɛstʃən〕*n.* 問題

　　 pay for 付～的費用　　 special〔'spɛʃəl〕*adj.* 特別的
　　 garbage〔'garbɪdʒ〕*n.* 垃圾
　　 expensive〔ɪk'spɛnsɪv〕*adj.* 昂貴的

6. (**D**) 這些玫瑰花好美喔！你真好，送我花。

　　感嘆句的句型為：

　　$\begin{cases} \text{How} + 形容詞或副詞 + 主詞 + 動詞！} \\ \text{What} + \text{(a)} + 形容詞 + 名詞 + 主詞 + 動詞！} \end{cases}$

　　本句也可說成：What pretty roses they are! …

　　*pretty〔'prɪtɪ〕adj. 漂亮的　　rose〔roz〕n. 玫瑰花
　　send〔sɛnd〕v. 送（出）

7. (**A**) <u>沿著</u>這條街走三個路口，你就會看到那家書店。

　　(A) ***along***〔ə'lɔŋ〕prep. 沿著　　(B) alone〔ə'lon〕adv. 獨自地
　　(C) long〔lɔŋ〕adj. 長的　　　　　　(D) lonely〔'lonlɪ〕adj. 寂寞的
　　*block〔blɑk〕n.（街與街圍成的）街區

8. (**B**) 擁擠的交通不但浪費人們的時間，而且也造成了嚴重的空氣<u>污染</u>。

　　(A) vacation〔ve'keʃən〕n. 假期
　　(B) ***pollution***〔pə'luʃən〕n. 污染
　　(C) question〔'kwɛstʃən〕n. 問題
　　(D) decision〔dɪ'sɪʒən〕n. 決定

　　*heavy〔'hɛvɪ〕adj. 大量的　　traffic〔'træfɪk〕n. 交通
　　waste〔west〕v. 浪費　　***not only…but also～***　不僅…而且～
　　produce〔prə'djus〕v. 產生；製造
　　serious〔'sɪrɪəs〕adj. 嚴重的

9. (**B**) <u>早餐</u>吃豐盛的食物，而不是晚餐吃得好，對你有好處。

　　(A) meal〔mil〕n. 一餐
　　(B) ***breakfast***〔'brɛkfəst〕n. 早餐
　　(C) order〔'ɔrdɚ〕n. 命令；點餐
　　(D) menu〔'mɛnju〕n. 菜單

　　*___do sb. good___　對～有好處　　rich〔rɪtʃ〕adj. 豐盛的

10. (**D**) 他不喜歡烏龍茶，而他的女朋友<u>也</u>不喜歡。

　　(A) neither〔'niðɚ〕conj. 也不　　(B) nor〔nɔr〕conj. 也不
　　(C) too〔tu〕adv. 也（用於肯定句）
　　(D) ***either***〔'iðɚ〕adv. 也不（用於否定句）
　　*___Oolong tea___　烏龍茶

📖 TEST 55 ◆ 詳解

1. (**D**) 我所就讀的學校離我家非常近。

表「地點」的關係副詞，用 ***where*** (在此等於 *in which*)。

* quite〔kwaɪt〕*adv.* 非常

2. (**D**) 那份無聊的工作讓我覺得很疲倦。

情感動詞做形容詞用時，修飾「人」，須用過去分詞，修飾「事物」，則用現在分詞。第一個空格修飾 work，須用現在分詞，故 (A) (C) 不合。而第二個空格做受詞補語，修飾 me，須用過去分詞，故選 (D)。

* boring〔'bɔrɪŋ〕*adj.* 無聊的　　tired〔taɪrd〕*adj.* 疲倦的
troubled〔'trʌbḷd〕*adj.* 困惑的
worrying〔'wɝɪɪŋ〕*adj.* 令人擔心的
changing〔'tʃendʒɪŋ〕*adj.* 改變中的
surprising〔sə'praɪzɪŋ〕*adj.* 令人驚訝的
excited〔ɪk'saɪtɪd〕*adj.* 興奮的
satisfied〔'sætɪs,faɪd〕*adj.* 覺得滿意的

3. (**D**) <u>二月</u>通常只有二十八天，但每四年會有一次是二十九天。

(A) December〔dɪ'sɛmbɚ〕*n.* 十二月
(B) September〔sɛp'tɛmbɚ〕*n.* 九月
(C) January〔'dʒænju,ɛrɪ〕*n.* 一月
(D) ***February***〔'fɛbru,ɛrɪ〕*n.* 二月

4. (**D**) 行動電話使<u>聯絡</u>更方便。

(A) decoration〔,dɛkə'reʃən〕*n.* 裝飾
(B) information〔,ɪnfɚ'meʃən〕*n.* 資訊
(C) playground〔'ple,graund〕*n.* 操場
(D) ***communication***〔kə,mjunə'keʃən〕*n.* 聯絡；通訊
* ***cell phone*** 行動電話　　convenient〔kən'vinjənt〕*adj.* 方便的

5. (**B**) 我的<u>歷史</u>比英文好。

(A) factory〔'fæktrɪ〕*n.* 工廠　　(B) ***history***〔'hɪstrɪ〕*n.* 歷史

(C) dictionary〔'dɪkʃən,ɛrɪ〕*n.* 字典
(D) library〔'laɪ,brɛrɪ〕*n.* 圖書館
*be better in 比較擅長~

6. (**C**) 瑪麗到台灣<u>出差</u>，她會在這裏待兩個禮拜。
(A) program〔'progræm〕*n.* 節目
(B) interest〔'ɪntrɪst〕*n.* 興趣
(C) **business**〔'bɪznɪs〕*n.* 公事；生意 *on business* 因公；出差
(D) birthday〔'bɝθ,de〕*n.* 生日
*stay〔ste〕*v.* 停留

7. (**B**) 麗莎不受其他人歡迎，因爲她喜歡<u>批評</u>別人。
(A) notice〔'notɪs〕*v.* 注意
(B) **criticize**〔'krɪtə,saɪz〕*v.* 批評
(C) watch〔watʃ〕*v.* 觀賞
(D) grade〔gred〕*v.* 評分 *n.* 成績
*popular〔'papjələ〕*adj.* 受歡迎的 *be popular with* 受~歡迎

8. (**C**) 我的老師每天放學後幫助我做習題。
help + 人 + *(to)* + 原形 *V.* 幫助某人做
(A) have 和 (B) make 爲使役動詞，接受詞後，須接原形動詞，故
用法不合。(D) talk 爲不及物動詞，不可直接接人，故不合。

9. (**B**) 我因爲太匆忙，所以將車子停在醫院前面，雖然我知道那是<u>錯的</u>。
(A) safe〔sef〕*adj.* 安全的　　(B) **wrong**〔rɔŋ〕*adj.* 錯誤的
(C) correct〔kə'rɛkt〕*adj.* 正確的
(D) right〔raɪt〕*adj.* 對的
*in a hurry 匆忙　　park〔park〕*v.* 停（車）
in front of 在~前面　　hospital〔'haspɪtl̩〕*n.* 醫院

10. (**A**) 我們要搬進一間新的公寓，離我父親的辦公室很<u>近</u>。
(A) **near**〔nɪr〕*prep.* 接近　　(B) after〔'æftɚ〕*prep.* 在~之後
(C) ago〔ə'go〕*adv.* 在~以前　(D) from〔fram〕*prep.* 從~
*move〔muv〕*v.* 搬家　　apartment〔ə'partmənt〕*n.* 公寓
office〔'ɔfɪs〕*n.* 辦公室

📖 TEST 56 ◆ 詳解

1. (**A**) 颱風過後，有許多房子沒有<u>電</u>或水。
   (A) *electricity* ﹝ ɪ͵lɛkˈtrɪsətɪ ﹞ *n.* 電力
   (B) rain ﹝ ren ﹞ *n.* 雨
   (C) right ﹝ raɪt ﹞ *n.* 權利
   (D) aunt ﹝ ænt ﹞ *n.* 姑姑；阿姨
   *typhoon ﹝ taɪˈfun ﹞ *n.* 颱風　　*running water* 自來水

2. (**C**) 當有人敲門時，這隻狗就大聲<u>吠叫</u>。
   (A) pack ﹝ pæk ﹞ *v.* 打包
   (B) ring ﹝ rɪŋ ﹞ *v.* （鈴）響
   (C) *bark* ﹝ bɑrk ﹞ *v.* （狗）吠
   (D) waste ﹝ west ﹞ *v.* 浪費
   *knock ﹝ nɑk ﹞ *v.* 敲門

3. (**D**) 他們搭公車到公園。
   「*by* + 交通工具」表「搭乘～」，其後的交通工具不可加冠詞或用複數，故選 (D)。on 也可用來表示搭乘交通工具，但後面所接的交通工具須加冠詞 a，故 (A) 須改為 on a bus。

4. (**D**) 考試不要作弊，否則你會被處罰。
   $\begin{cases} 祈使句, and + S. + V. （and 表「就會」） \\ 祈使句, or + S. + V. （or 表「否則」） \end{cases}$
   本句也可說成：If you cheat on exams, you will be punished.
   *cheat ﹝ tʃit ﹞ *v.* 作弊　　exam ﹝ ɪgˈzæm ﹞ *n.* 考試
   punish ﹝ˈpʌnɪʃ ﹞ *v.* 處罰

5. (**B**) 卡蘿告訴我，她昨天已經打電話給你了。
   這四個選項中，只有 tell 可直接接人做受詞，say、speak，和 talk 之後，都要用 to *sb*.，在此不合。
   *telephone ﹝ˈtɛlə͵fon ﹞ *v.* 打電話給～ （= *call*）

6. (**B**) 當他看到那份禮物時,既不高興也不興奮。他很生氣。

    ***neither* A *nor* B** 既不是 A,也不是 B (表二者皆非)

    (A) more A than B「與其說是 B,不如說是 A」,(C) either A or B「不是 A 就是 B」,(D) both A and B「A 和 B 都」,均不合句意。

    *present〔'prɛznt〕*n.* 禮物   glad〔glæd〕*adj.* 高興的

      excited〔ɪk'saɪtɪd〕*adj.* 興奮的   angry〔'æŋgrɪ〕*adj.* 生氣的

7. (**B**) 她只是想要被注意到。那就是為什麼她說話那麼大聲。

    (A) fine〔faɪn〕*v.* 罰款   (B) ***notice***〔'notɪs〕*v.* 注意

    (C) close〔kloz〕*v.* 關上   (D) worry〔'wɝɪ〕*v.* 擔心

    *loud〔laʊd〕*adv.* 大聲地

8. (**C**) 陳先生有數千隻雞,他靠賣雞蛋賺錢。

    thousands of 數以千計的

    (A)(B) 須改為 two thousand。因為 hundred (百) 及 thousand (千) 前面若有數字,字尾不須加 s,也不可以加介系詞 of。

    *chicken〔'tʃɪkən〕*n.* 雞   ***make money*** 賺錢

      egg〔ɛg〕*n.* 蛋

9. (**C**) 如果那支隊伍有聽氣象報告,他們就不會跑去爬山了。

    (A) joke〔dʒok〕*n.* 玩笑

    (B) story〔'storɪ〕*n.* 故事

    (C) ***report***〔rɪ'port〕*n.* 報告

    (D) doctor〔'dɑktɚ〕*n.* 醫生

    *team〔tim〕*n.* 隊伍   climb〔klaɪm〕*v.* 爬

      mountain〔'maʊntn̩〕*n.* 山

10. (**C**) 她有保存朋友寫來的舊信件和紙條的習慣。

    (A) lose〔luz〕*v.* 失去   (B) hope〔hop〕*v.* 希望

    (C) ***keep***〔kip〕*v.* 保存   (D) use〔juz〕*v.* 使用

    *habit〔'hæbɪt〕*n.* 習慣   letter〔'lɛtɚ〕*n.* 信

      note〔not〕*n.* 紙條

📖 TEST 57 ◆ 詳解

1. (**C**) 大衛對繪畫有特別的<u>天份</u>。他畫得非常好。
   (A) fault〔fɔlt〕*n.* 過錯
   (B) brand〔brænd〕*n.* 牌子
   (C) ***talent***〔'tælənt〕*n.* 天份
   (D) medicine〔'mɛdəsn̩〕*n.* 藥
   * special〔'spɛʃəl〕*adj.* 特別的　　painting〔'pentɪŋ〕*n.* 繪畫
     paint〔pent〕*v.* 畫畫

2. (**D**) 我喜歡電影，<u>尤其是</u>動作片。
   (A) widely〔'waɪdlɪ〕*adv.* 廣泛地
   (B) hopelessly〔'hoplɪslɪ〕*adv.* 絕望地
   (C) separately〔'sɛpə,rɪtlɪ〕*adv.* 分開地
   (D) ***especially***〔ə'spɛʃəlɪ〕*adv.* 尤其是
   * movie〔'muvɪ〕*n.* 電影　　***action movie*** 動作片

3. (**D**) 提姆花較多的時間讀書，而不是在玩。
   spend「花費時間」的用法為：人 + ***spend*** + 時間 + (***in***) + ***V-ing***

4. (**C**) 賓士是<u>昂貴</u>汽車的知名品牌。
   (A) experienced〔ɪk'spɪrɪənst〕*adj.* 有經驗的
   (B) excited〔ɪk'saɪtɪd〕*adj.* （人）覺得興奮的
   (C) ***expensive***〔ɪk'spɛnsɪv〕*adj.* 昂貴的
   (D) express〔ɪk'sprɛs〕*adj.* 快的；直達的
   * famous〔'feməs〕*adj.* 有名的

5. (**D**) 請給我二杯咖啡，好嗎？
   coffee（咖啡）為物質名詞，物質名詞為不可數名詞，須用表
   「單位」的名詞來表示「數」的觀念。
   其公式為：　| 數詞 + 單位名詞 + of + 物質名詞 |
   其他類似用法有：one glass of water（一杯水）、three bags
   of rice（三袋米）等。

6. (**B**) 自從一九九九年我搬到這個國家，我就認識了王氏一家人。

連接詞 since「自從～以來」引導的副詞子句，須用過去式，而主要子句則須用現在完成式，故選(B)。

the Wangs 王氏一家人 (= the Wang family)
move〔muv〕v. 搬家　　country〔'kʌntrɪ〕n. 國家

7. (**B**) 冷氣機的價錢下降了，因爲冬天快到了。

主詞 price（價錢），爲單數名詞，故動詞須用單數動詞。

*price〔praɪs〕n. 價格　　air conditioner 冷氣機
come down* 下降 (↔ go up)

8. (**B**) 無尾熊只有在澳洲才有。我想也許沒有比無尾熊更可愛的動物了。

(A) plant〔plænt〕n. 植物
(B) *animal*〔'ænəml̩〕n. 動物
(C) hospital〔'hɑspɪtl̩〕n. 醫院
(D) people〔'pipl̩〕n. 人

*koala〔ko'ɑlə〕n. 無尾熊　　Australia〔ɔ'streljə〕n. 澳洲
perhaps〔pɚ'hæps〕adv. 也許　　cute〔kjut〕adj. 可愛的

9. (**D**) 在過去一百年的發明當中，電視改變人們的生活最多。

(A) shelf〔ʃɛlf〕n. 架子
(B) sweater〔'swɛtɚ〕n. 毛衣
(C) notice〔'notɪs〕n. 注意；公告
(D) *invention*〔ɪn'vɛnʃən〕n. 發明

*past〔pæst〕adj. 過去的　　change〔tʃendʒ〕v. 改變
life〔laɪf〕n. 生活

10. (**D**) 桌上有四種水果。你可以拿自己最喜歡的那種。

(A) sit〔sɪt〕v. 坐
(B) guess〔gɛs〕v. 猜
(C) make〔mek〕v. 製造
(D) *take*〔tek〕v. 拿取

*kind〔kaɪnd〕n. 種類　　fruit〔frut〕n. 水果
best〔bɛst〕adv. 最

📖 TEST 58 ◆ 詳解

1.(**B**) 他聽見花園裡有一隻狗對陌生人大叫。

hear 為感官動詞，其用法為：

hear + 受詞 + $\begin{cases} \text{原形 V.（表主動）} \\ \text{V-ing（表主動進行）} \\ \text{p.p.（表被動）} \end{cases}$

依句意為主動，空格應填入 bark 或 barking，故選 (B)。

* bark〔bɑrk〕v.（狗）吠 < at >　　stranger〔'strendʒɚ〕n. 陌生人
garden〔'gɑrdṇ〕n. 花園

2.(**C**) 貝蒂第一次參觀國立故宮博物院時，印象非常深刻。

(A) honest〔'ɑnɪst〕adj. 誠實的　　(B) avoid〔ə'vɔɪd〕v. 避免
(C) **impressed**〔ɪm'prɛst〕adj. 印象深刻的
(D) afraid〔ə'fred〕adj. 害怕的 < of >

* pretty〔'prɪtɪ〕adv. 非常地　　visit〔'vɪzɪt〕v. 參觀
the National Palace Museum 國立故宮博物院

3.(**D**)【諺】有意志力，就找得到出路；有志者，事竟成。

$\begin{cases} \textit{Where}\cdots\textit{there}\sim \text{ 如果}\cdots\text{則}\sim \\ = \textit{If}\cdots\textit{there}\sim \end{cases}$

類似用法有：Where there is life, there is hope.

（【諺】有生命，就有希望；留得青山在，不怕沒柴燒。）

* will〔wɪl〕n. 意志力　　way〔we〕n. 路；方法

4.(**C**)【諺】勿以貌取人。(= *Don't judge a person by his appearance.*
= *Don't judge a book by its cover.*)

(A) address〔ə'drɛs〕n. 住址　　(B) calendar〔'kæləndɚ〕n. 日曆
(C) **looks**〔lʊks〕n. pl. 長相
(D) calculator〔'kælkjə‚letɚ〕n. 計算機

* judge〔dʒʌdʒ〕v. 判斷　　appearance〔ə'pɪrəns〕n. 外表
cover〔'kʌvɚ〕n. 封面

5.(**A**) 我找不到我的皮夾。它一定是被偷了。

(A) **wallet**〔'wɑlɪt〕n. 皮夾　　(B) style〔staɪl〕n. 風格

(C) waiter〔'wetæ〕 *n.* 服務生　(D) wall〔wɔl〕 *n.* 牆

must have + p.p. 當時一定 (表「對過去肯定的推測」)

steal〔stil〕 *v.* 偷 (三態變化為：steal-stole-stolen)

6. (**A**) 孩子在上國中之前，通常會先上小學。

(A) *elementary*〔ˌɛlə'mɛntərɪ〕 *adj.* 初步的；基礎的

elementary school 小學

(B) exciting〔ɪk'saɪtɪŋ〕 *adj.* 刺激的

(C) electric〔ɪ'lɛktrɪk〕 *adj.* 電的　(D) clerk〔klɜk〕 *n.* 職員

*child〔tʃaɪld〕 *n.* 孩子　*junior high school* 國中

7. (**D**) 「美麗人生」這部電影相當有趣，也被提名為最佳外語片。

本句原為 The movie…, *which is also named the best foreign film,* …省略關代和 be 動詞 which is 轉化而來。

*name〔nem〕 *v.* 提名　foreign〔'fɔrɪn〕 *adj.* 外國的

film〔fɪlm〕 *n.* 電影　quite〔kwaɪt〕 *adv.* 相當地

interesting〔'ɪntrɪstɪŋ〕 *adj.* 有趣的

8. (**B**) 台灣的天氣和美國的天氣很不一樣。

(A) window〔'wɪndo〕 *n.* 窗戶　(B) *weather*〔'wɛðæ〕 *n.* 天氣

(C) wherever〔hwɛr'ɛvæ〕 *conj.* 無論何處

(D) whether〔'hwɛðæ〕 *conj.* 是否

*different〔'dɪfərənt〕 *adj.* 不同的　*be different from* 和~不同

that = the weather

9. (**D**) 我很遺憾，我們竟然被迫做這麼多的工作。

be made to V. 被迫

make 為使役動詞，其被動語態，不定詞的 to 須保留。

*sorry〔'sɔrɪ〕 *adj.* 遺憾的　should〔ʃʊd〕 *aux.* 竟然

10. (**A**) 打了兩個小時籃球之後，我覺得非常口渴。

(A) *thirsty*〔'θɜstɪ〕 *adj.* 口渴的

(B) theater〔'θiətæ〕 *n.* 戲院

(C) teachable〔'titʃəbl̩〕 *adj.* 可敎的

(D) tasty〔'testɪ〕 *adj.* 好吃的 (= *delicious*)

play basketball 打籃球　*for* + 一段時間 持續~

📖 TEST 59 ◆ 詳解

1. (**C**) 麗莎臉上總是帶著友善的微笑，所以大家都喜歡和她交朋友。
   (A) old-fashioned〔ˋoldˋfæʃənd〕*adj.* 不流行的；過時的
   (B) newest〔ˋnjuɪst〕*adj.* 最新的
   (C) ***friendly***〔ˋfrɛndlɪ〕*adj.* 友善的
   (D) impossible〔ɪmˋpɑsəbḷ〕*adj.* 不可能的
   *wear〔wɛr〕*v.* 面帶　　face〔fes〕*n.* 臉
   make friends with 和～交朋友

2. (**D**) 我現在正在讀的小說非常精彩。
   (A) cram〔kræm〕*n.* 填塞
   (B) music〔ˋmjuzɪk〕*n.* 音樂
   (C) play〔ple〕*n.* 戲劇
   (D) ***novel***〔ˋnɑvḷ〕*n.* 小說
   *fascinating〔ˋfæsṇˏetɪŋ〕*adj.* 迷人的

3. (**B**) 不要對他這麼嚴格。畢竟，他只是個小孩。
   (A) stamp〔stæmp〕*n.* 郵票
   (B) ***strict***〔strɪkt〕*adj.* 嚴格的
   (C) study〔ˋstʌdɪ〕*v.* 研讀
   (D) surprise〔səˋpraɪz〕*v.* 使驚訝
   after all 畢竟　　kid〔kɪd〕*n.* 孩子

4. (**C**) 大衛很帥，但他不是我喜愛的那一種男孩。
   (A) tired〔taɪrd〕*adj.* 疲倦的
   (B) between〔bəˋtwin〕*prep.* 在～之間
   (C) ***handsome***〔ˋhænsəm〕*adj.* 英俊的
   (D) video〔ˋvɪdɪˏo〕*n.* 錄影機
   *kind〔kaɪnd〕*n.* 種類

5. (**C**) 你可以想像沒有音樂的生活嗎？
   (A) afford〔əˋford〕*v.* 付得起

(B) finish〔'fınıʃ〕v. 完成

(C) *imagine*〔ı'mædʒın〕v. 想像

(D) taste〔test〕v. 嚐起來

6. (**B**) A：我今天早上不會去上學。早上是英文課，我討厭動詞。

B：我也是。

簡略附和句須以主要思想的句子爲準。這題的主要思想句是 I hate verbs. 表肯定的「也」用 so，且助動詞須用 do，故選 (B)。而 (D) 須改爲 I do, too。

*verb〔vɜb〕n. 動詞

7. (**D**) 現今有數百萬的人把英文當作是外語來學。

(A) by〔baɪ〕*prep.* 藉由

(B) for〔fɔr〕*prep.* 爲了

(C) under〔'ʌndə〕*prep.* 在～之下

(D) *as*〔æz〕*prep.* 當作

*million〔'mɪljən〕n. 百萬　　*millions of* 數百萬的

foreign〔'fɔrɪn〕*adj.* 外國的　　language〔'læŋgwɪdʒ〕n. 語言

8. (**B**) 我在辦公室附近不可能找到停車位，所以我搭捷運上班。

impossible 爲非人稱形容詞，不可直接修飾人，其用法爲：「It is + 非人稱形容詞 + for + 人 + to V.」，故選 (B)。

**parking space* 停車位　　office〔'ɔfɪs〕n. 辦公室

MRT 大衆捷運系統 (= *Mass Rapid Transit*)

9. (**C**) 門鈴響了。湯姆，你可以去應門嗎？

(A) homework〔'hom,wɜk〕n. 家庭作業

(B) phone number〔'fon 'nʌmbə〕n. 電話號碼

(C) *doorbell*〔'dɔr,bɛl〕n. 門鈴

(D) animal〔'ænəml̩〕n. 動物

*ring〔rɪŋ〕v. (鈴) 響　　answer〔'ænsə〕v. 應 (門)

10. (**C**) 不要害怕在課堂上問問題。你問越多，就學到越多。

祈使句的否定，是在原形動詞前面加 Don't。

**be afraid of* 害怕　　*in class* 課堂中；上課時

📖 TEST 60 ◆ 詳解

1.(**B**) 因爲我努力用功，我的英文愈來愈好。

$$\begin{cases} because + 子句　因爲 \\ = because\ of + N. \end{cases}$$

thanks to + *N*. 幸虧；由於
because 爲連接詞，其後須接子句，而 *because of* 和 *thanks to*
爲介系詞片語，又稱「片語介系詞」，用法相當於介系詞，故其
後須接名詞。
*hard〔hɑrd〕*adj.* 努力的　　method〔'mɛθəd〕*n.* 方法

2.(**A**) 大部分的學生不喜歡每天考試。

(A) *test*〔tɛst〕*n.* 考試
(B) computer〔kəm'pjutɚ〕*n.* 電腦
(C) theater〔'θiətɚ〕*n.* 戲院　　(D) movie〔'muvɪ〕*n.* 電影
*most〔most〕*adj.* 大部分的

3.(**D**) 媽媽告訴我不要說謊。

$$\begin{cases} tell\ sb.\ to\ V.\ 告訴某人做 \\ tell\ sb.\ not\ to\ V.\ 告訴某人不要做 \end{cases}$$

不定詞的否定，否定的字須放在不定詞前面。
*tell a lie 說謊

4.(**A**) 天色很暗，所以我看不見發生了什麼事。

依句意，表因果關係，故 (B) 但是，(D) 或者，句意不合。連接
「前因後果」的二句，用 so「所以」，選 (A)。本句也可說成：
Because it was dark, I couldn't see what was happening.
*dark〔dɑrk〕*adj.* 暗的　　happen〔'hæpən〕*v.* 發生

5.(**A**) 我鄰居的貓昨晚非常吵。我根本無法睡覺。

(A) *noisy*〔'nɔɪzɪ〕*adj.* 吵鬧的　　(B) cute〔kjut〕*adj.* 可愛的
(C) delicious〔dɪ'lɪʃəs〕*adj.* 好吃的
(D) lazily〔'lezɪlɪ〕*adv.* 懶惰地
*neighbor〔'nebɚ〕*n.* 鄰居　　*not…at all* 一點也不

6. (**D**) 教室裡有三個學生。其中一個是湯姆。另外二個是大衛和傑克。

有指定時，用 **the others** 表示「剩下的其餘部份」。本句中，the others 就等於 the other students。而 (A) another 是指「（三者以上）另一個」，(B) (C) 則用於「some…others～」的句型，表「有些…有些～」，用法均不合。

7. (**B**) 如果你多花一點時間工作，而不是抱怨，你就可以把事情做得更快而且更好。

(A) take〔tek〕v. 花費（時間）（以事物為主詞）

(B) **spend**〔spɛnd〕v. 花費（時間、金錢）（以人為主詞）

(C) cost〔kɔst〕v. 花費（金錢）（以事物為主詞）

(D) make〔mek〕v. 製造

*complain〔kəm'plen〕v. 抱怨 < *about* >

8. (**D**) 理查和我是好朋友，而且我們兩個都是籃球迷。

(A) team〔tim〕n. 隊伍

(B) skin〔skɪn〕n. 皮膚

(C) change〔tʃendʒ〕n. 改變

(D) **fan**〔fæn〕n. （電影、運動等的）迷

9. (**D**) A：強尼要當計程車司機嗎？

B：沒有。他真的很生氣。他們告訴他，他太高了，坐不下車子。

too…to～ 太…以致於不～

so…that～ 如此…以致於

本句也可說成：They told him he is so tall **that** he *can't* sit in the car.

*driver〔'draɪvɚ〕n. 司機　　really〔'rɪəlɪ〕adv. 真正地

angry〔'æŋgrɪ〕adj. 生氣的

10. (**B**) 蘇珊上學期修了五門課。

(A) unit〔'junɪt〕n. 單元

(B) **semester**〔sə'mɛstɚ〕n. 學期

(C) office〔'ɔfɪs〕n. 辦公室

(D) underground〔'ʌndɚ'graund〕n. 地下

*take〔tek〕v. 修（課）

📖 TEST 61 ◆ 詳解

1. (**D**) 每個人都喜歡刺激的運動，尤其是棒球和籃球。

依句意為被動，故空格應填入「be 動詞 + p.p.」。主詞 exciting sports 為複數名詞，故須用複數動詞 are，選 (D) *are enjoyed*。

　exciting〔ɪkˈsaɪtɪŋ〕adj. 刺激的
　　especially〔əˈspɛʃəlɪ〕*adv.* 尤其

2. (**C**) 台灣的夏季時常有颱風。

　(A) holiday〔ˈhɑləˌde〕*n.* 假日
　(B) roof〔ruf〕*n.* 屋頂　　(C) *typhoon*〔taɪˈfun〕*n.* 颱風
　(D) glasses〔ˈglæsɪz〕*n. pl.* 眼鏡

3. (**B**) 一年的最後一個月是十二月。

　(A) October〔ɑkˈtobə〕*n.* 十月
　(B) *December*〔dɪˈsɛmbə〕*n.* 十二月
　(C) November〔noˈvɛmbə〕*n.* 十一月
　(D) September〔sɛpˈtɛmbə〕*n.* 九月

　last〔læst〕adj. 最後的

4. (**D**) 住在隔壁的那位女士是個醫生。

本句是由 The woman *who lives next door* is a doctor. 轉化而來。形容詞子句改為分詞片語，有二個步驟：

　　{ 去關代（who）
　　　動詞改為現在分詞（lives → living）

　**next door* 在隔壁

5. (**A**) 離開學校以後，我希望我們還能保持聯絡。

　(A) *touch*〔tʌtʃ〕*n.* 接觸；聯絡　*stay in touch* 保持聯絡
　(B) village〔ˈvɪlɪdʒ〕*n.* 村莊
　(C) software〔ˈsɔftˌwɛr〕*n.* 軟體
　(D) active〔ˈæktɪv〕*adj.* 主動的；積極的
　leave〔liv〕v. 離開　　hope〔hop〕*v.* 希望

6. (**B**) 晚飯過後，我喜歡吃些<u>甜點</u>，像冰淇淋或布丁。

    (A) desert〔'dɛzət〕*n.* 沙漠

    (B) ***dessert***〔dɪ'zɝt〕*n.* 甜點

    (C) hamburger〔'hæmbɝgə〕*n.* 漢堡

    (D) pizza〔'pitsə〕*n.* 披薩

    *such as 像是   pudding〔'pʊdɪŋ〕*n.* 布丁

7. (**D**) 在進入戲院之前，你需要先買一張電影<u>票</u>。

    (A) poster〔'postə〕*n.* 海報

    (B) fan〔fæn〕*n.* 迷

    (C) dress〔drɛs〕*n.* 洋裝

    (D) ***ticket***〔'tɪkɪt〕*n.* 票

    *enter〔'ɛntə〕*v.* 進入   theater〔'θiətə〕*n.* 戲院

8. (**A**) 一個友善的微笑，能幫助我們更容易和別人交朋友。

    make friends with「和～交朋友」，受詞 friends 一定要用複數。

    *friendly〔'frɛndlɪ〕*adj.* 友善的   smile〔smaɪl〕*n.* 微笑

    easily〔'izɪlɪ〕*adv.* 容易地

9. (**A**) 我和我的同學這個週末要去海邊<u>露營</u>。

    (A) ***camp***〔kæmp〕*v.* 露營   (B) shop〔ʃap〕*v.* 購物

    (C) iron〔'aɪən〕*v.* 熨燙   (D) drive〔draɪv〕*v.* 開（車）

    *classmate〔'klæs,met〕*n.* 同學   ***at the beach*** 在海邊

    weekend〔'wik'ɛnd〕*n.* 週末

10. (**D**) 他們製造出一種新型的電腦，它的低價位將會非常受學生歡迎。

    關係代名詞的所有格 whose 引導形容詞子句，修飾 a new computer。

    They produced a new computer, ***whose low price*** will⋯

    = They produced a new computer, ***the low price of which*** will⋯

    *produce〔prə'djus〕*v.* 生產；製造

    computer〔kəm'pjutə〕*n.* 電腦   low〔lo〕*adj.* 低的

    price〔praɪs〕*n.* 價格   popular〔'papjələ〕*adj.* 受歡迎的

📖 TEST 62 ◆ 詳解

1. (**C**) 我的母親將要去英國出差。她的<u>班機</u>時間是下個禮拜一。
  (A) church〔tʃɝtʃ〕 *n.* 教堂
  (B) date〔det〕 *n.* 日期
  (C) ***flight***〔flaɪt〕 *n.* 班機
  (D) jeep〔dʒip〕 *n.* 吉普車
  *England〔'ɪŋglənd〕 *n.* 英國　　***on business*** 因公；出差

2. (**A**) 今晚電視會播一部好電影。
  「there + be 動詞」表「有」，依句意，為表未來的動作或狀態，須用未來式，故選 (A) ***will be***。

3. (**A**) 我姐姐在<u>書房</u>忙著準備考試。
  (A) ***study***〔'stʌdɪ〕 *n.* 書房
  (B) kitchen〔'kɪtʃɪn〕 *n.* 廚房
  (C) bathroom〔'bæθ,rum〕 *n.* 浴室
  (D) basement〔'besmənt〕 *n.* 地下室
  *busy〔'bɪzɪ〕 *adj.* 忙碌的　　prepare〔prɪ'pɛr〕 *v.* 準備

4. (**D**) 我找不到我的背包。你可以借我你的嗎？
  所有格代名詞，就等於「所有格 + 名詞」。
  yours = your backpack。
  *backpack〔'bæk,pæk〕 *n.* 背包　　lend〔lɛnd〕 *v.* 借（出）

5. (**B**) 馬克那時候看起來一點也不快樂，不是嗎？
  never 具否定意味，故附加問句要用肯定，且前一句的動詞是 looked，故附加問句的助動詞用 did，代名詞用 he 代替 Mark，選 (B)。did he? 就是 did he look happy at that time? 的省略疑問句。

6. (**B**) <u>電腦</u>讓我們的生活更有趣也更方便。
  (A) comic book〔'kɑmɪk'buk〕 *n.* 漫畫書

(B) *computer* 〔kəmˋpjutɚ〕 *n.* 電腦

(C) hot spring 〔ˋhɑt ˏsprɪŋ〕 *n.* 溫泉

(D) medicine 〔ˋmɛdəsn̩〕 *n.* 藥

*life 〔laɪf〕 *n.* 生活　　interesting 〔ˋɪntrɪstɪŋ〕 *adj.* 有趣的
convenient 〔kənˋvinjənt〕 *adj.* 方便的

7. (**D**) 耶誕節要來了。我們將<u>佈置</u>我們的教室，並且在這個禮拜六舉行
舞會。

(A) draw 〔drɔ〕 *v.* 畫畫

(B) invite 〔ɪnˋvaɪt〕 *v.* 邀請

(C) enjoy 〔ɪnˋdʒɔɪ〕 *v.* 享受；喜愛

(D) *decorate* 〔ˋdɛkəˏret〕 *v.* 佈置；裝飾

*Christmas 〔ˋkrɪsməs〕 *n.* 耶誕節　　*have a party* 舉行舞會

8. (**A**) 如果你想要寄信，你需要一個<u>信封</u>以及一張郵票。

(A) *envelope* 〔ˋɛnvəˏlop〕 *n.* 信封

(B) eve 〔iv〕 *n.* 前夕

(C) story 〔ˋstorɪ〕 *n.* 故事

(D) envelop 〔ɪnˋvɛləp〕 *v.* 包圍

*send 〔sɛnd〕 *v.* 寄　　stamp 〔stæmp〕 *n.* 郵票

9. (**B**) 他總是要我讓他<u>抄</u>我的數學作業。

(A) hire 〔haɪr〕 *v.* 雇用

(B) *copy* 〔ˋkɑpɪ〕 *v.* 抄寫

(C) avoid 〔əˋvɔɪd〕 *v.* 避免

(D) welcome 〔ˋwɛlkəm〕 *v.* 歡迎

*math 〔mæθ〕 *n.* 數學　　homework 〔ˋhomˏwɝk〕 *n.* 家庭作業

10. (**C**) 如果我昨天有足夠的錢，我就會買那本書。

表「與過去事實相反的假設」，其公式為：

$$\text{If} + \text{S.} + \text{had} + \text{p.p.,} \ \text{S.} + \left\{ \begin{array}{l} \text{should} \\ \text{would} \\ \text{could} \\ \text{might} \end{array} \right\} + \text{have} + \text{p.p.}$$

📖 TEST 63 ◆ 詳解

1. (**D**) 「你知道現在<u>幾點</u>嗎？」「知道，現在是八點十分。」
   (A) how old 幾歲（詢問年齡）
   (B) how often 多久一次（詢問頻率）
   (C) where 在哪裡（詢問地點）
   (D) *what time* 幾點（詢問時間）

2. (**A**) 報紙每天總會有<u>些</u>令人驚訝的事情。
   surprise「使驚訝」為情感動詞，修飾「非人」須用其現在分詞
   surprising「令人驚訝的」。凡是修飾 something、anything、
   nothing 等的形容詞，都須置於後面，做後位修飾，故選 (A)。

3. (**D**) 要辨別約翰和比爾非常<u>困難</u>，因為他們是雙胞胎。
   (A) different〔'dɪfərənt〕*adj.* 不同的 < *from* >
   (B) weak〔wik〕*adj.* 虛弱的
   (C) hand〔hænd〕*n.* 手
   (D) *difficult*〔'dɪfə,kʌlt〕*adj.* 困難的
   * tell〔tɛl〕*v.* 分辨　　*tell* A *from* B 分辨 A 與 B
     twins〔twɪnz〕*n. pl.* 雙胞胎

4. (**A**) 蒂娜的父母<u>以</u>她英文的好成績<u>為榮</u>。
   (A) *be proud of* 以～為榮
   (B) be interested in 對～有興趣
   (C) be worried about 擔心～
   (D) shut up 閉嘴
   * parents〔'pɛrənts〕*n. pl.* 父母　　grade〔gred〕*n.* 成績

5. (**B**) 貝蒂是那兩個女孩中，較高的那一個。
   表示「二者中比較～的」，比較級前面要加 the。

6. (**D**) <u>補習</u>班是學生放學後，可以繼續學習的地方。
   (A) rude〔rud〕*adj.* 粗魯的；無禮的

(B) subway〔'sʌbˌwe〕 *n.* 地下鐵
(C) free〔fri〕 *adj.* 自由的
(D) *cram*〔kræm〕 *n.* 填塞；死背　*cram school* 補習班
*keep + V-ing 繼續~　　after school 放學後

7. (**B**) 你介意爲我寄這封信嗎？
mind + V-ing 介意
　mail〔mel〕 *v.* 郵寄　　letter〔'lɛtɚ〕 *n.* 信

8. (**C**) 許多高中生會在暑假打工，自己賺錢來購買<u>流行的</u>東西。
(A) welcome〔'wɛlkəm〕 *adj.* 受歡迎的
(B) active〔'æktɪv〕 *adj.* 活躍的；積極的
(C) *fashionable*〔'fæʃənəbḷ〕 *adj.* 流行的
(D) careful〔'kɛrfəl〕 *adj.* 小心的
　*part-time〔'pɑrt 'taɪm〕 *adv.* 兼職地　*work part-time* 打工
　earn〔ɜn〕 *v.* 賺取

9. (**A**) 當我離開，到台北工作時，我總是想著我的女朋友。
always「總是」爲頻率副詞，其位置爲：
{ 一般動詞之前
　be 動詞或助動詞之後
　助動詞與一般動詞之間
因此第一個空格應填一般動詞，選 (A)。
　think of 想到　　girlfriend〔'gɜlˌfrɛnd〕 *n.* 女朋友
　go away 離開

10. (**B**) 我們喜歡一起去看電影和做功課。
{ love + to V. 喜歡~
　= love + V-ing
依句意，and 爲對等連接詞，須連接文法地位相同的單字或片語，
其後的 do 爲省略不定詞 to 的原形動詞，故前面也必須用不定詞，
選 (B) *to go*。
*go to the movies 去看電影

📖 TEST 64 ◆ 詳解

1. (**D**) 明年將會建造一家新的超級市場。

依句意，爲被動語態，須用「be 動詞 + p.p.」表示。又 next year
「明年」爲表未來的時間副詞，須與未來式連用，故選 (D)。
is going to be built = will be built。

*supermarket〔'supɚ,mɑrkɪt〕*n.* 超級市場　　build〔bɪld〕*v.* 建造

2. (**C**) 照我告訴你的話去做，否則你會有麻煩。

$$
\begin{cases}
\text{祈使句, or + S. + V.} & \text{如果不⋯，就～} \\
= \text{If + S. + 動詞的否定形，～}
\end{cases}
$$

本句等於：If you don't do what I tell you, you will be in
trouble.
(D) 須改爲 and I will give you a present。

**in trouble* 有麻煩　　present〔'prɛznt〕*n.* 禮物

3. (**A**) 司機先生告訴<u>乘客</u>不要把手伸出窗外。

(A) *passenger*〔'pæsndʒɚ〕*n.* 乘客
(B) visitor〔'vɪzɪtɚ〕*n.* 遊客
(C) waiter〔'wetɚ〕*n.* 服務生
(D) learner〔'lɝnɚ〕*n.* 學習者

*driver〔'draɪvɚ〕*n.* 司機

4. (**A**) 這是我們吃晚餐的餐廳。

表「地方」的關係副詞，用 where 或「介系詞 + 關係代名詞」，
故選 (A) *in which*。
which 在形容詞子句中，代替先行詞 the restaurant。

*restaurant〔'rɛstərənt〕*n.* 餐廳

5. (**A**) 佩兒老是問<u>些</u>蠢問題。

現在進行式與 always 或 all the time 等表「連續」的時間副詞
連用，表示說話者不耐煩之意。

*stupid〔'stjupɪd〕*adj.* 愚蠢的　　question〔'kwɛstʃən〕*n.* 問題

6. (**B**) 珍在一個快樂的家庭<u>長大</u>，我們都非常喜歡她。
   (A) excuse〔ɪk'skjuz〕v. 原諒
   (B) ***grow***〔gro〕v. 成長　***grow up***　長大
   (C) favorite〔'fevərɪt〕adj. 最喜愛的
   (D) sigh〔saɪ〕v. 嘆息

7. (**B**) 在美國，沒有醫生的<u>處方箋</u>你不能買藥。
   (A) dictionary〔'dɪkʃən,ɛrɪ〕n. 字典
   (B) ***prescription***〔prɪ'skrɪpʃən〕n. 處方
   (C) mouth〔mauθ〕n. 嘴巴
   (D) relief〔rɪ'lif〕n. 放心；鬆一口氣
   * America〔ə'mɛrɪkə〕n. 美國　　medicine〔'mɛdəsṇ〕n. 藥

8. (**B**) 上個月有許多大地震，真的把我們<u>嚇壞</u>了。
   (A) help〔hɛlp〕v. 幫助　　(B) ***scare***〔skɛr〕v. 使驚嚇
   (C) amuse〔ə'mjuz〕v. 娛樂
   (D) excite〔ɪk'saɪt〕v. 使興奮
   * earthquake〔'ɝθ,kwek〕n. 地震

9. (**D**) 那位司機在這場車禍中受了重傷。
   hurt〔hɝt〕v. 傷害（三態變化為：hurt-hurt-hurt）
   依句意為被動語態，故選 (D) ***was hurt***「受傷」。
   * badly〔'bædlɪ〕adv. 嚴重地
     accident〔'æksədənt〕n. 意外；車禍

10. (**D**) 身為家中三個孩子的老二，蘿拉時常抱怨她哥哥及妹妹幾乎奪走
    了他們<u>父母</u>所有的愛和關心。
    (A) president〔'prɛzədənt〕n. 總統
    (B) police〔pə'lis〕n. 警察
    (C) problem〔'prɑbləm〕n. 問題
    (D) ***parents***〔'pɛrənts〕n. pl. 父母
    * middle〔'mɪdḷ〕adj. 中間的　　family〔'fæməlɪ〕n. 家庭
      complain〔kəm'plen〕v. 抱怨　　take〔tek〕v. 奪走
      care〔kɛr〕n. 關心

📖 TEST 65 ◆ 詳解

1. (**B**) 我們在家中使用的某些產品，現在一定功能更好而且節省更多電力。

本句是由 Certain products *which we use in our homes* must … 省略關係代名詞的受格 which 而來。而 (A) 須將 are 去掉，(C) 須將 affects 改為 affect，(D) 須改為 so as to fight pollution「為了要防制污染」。

*certain〔'sɝtn̩〕*adj.* 某些　　product〔'prɑdəkt〕*n.* 產品
work〔wɝk〕*v.* (機器) 運轉　　save〔sev〕*v.* 節省
electricity〔ɪ,lɛk'trɪsətɪ〕*n.* 電力　　light〔laɪt〕*n.* 燈
washing machine 洗衣機　　affect〔ə'fɛkt〕*v.* 影響
modern〔'mɑdən〕*adj.* 現代的　　living〔'lɪvɪŋ〕*n.* 生活
fight〔faɪt〕*v.* 對抗　　pollution〔pə'luʃən〕*n.* 污染

2. (**D**) 你必須去那裡，不是嗎？

have to 必須
前面是肯定句，附加問句必須是否定句，且 have 為一般動詞，故助動詞用 do，選 (D)。don't you? 就是 don't you have to go there? 的省略。(B) haven't you? 為英式用法。

3. (**C**) 我們把日文或英文當作<u>外</u>語來學習。

(A) important〔ɪm'pɔrtn̩〕*adj.* 重要的
(B) national〔'næʃən̩l〕*adj.* 國家的；全國的
(C) *foreign*〔'fɔrɪn〕*adj.* 外國的
(D) dead〔dɛd〕*adj.* 死的
*Japanese〔,dʒæpə'niz〕*n.* 日語　　language〔'læŋgwɪdʒ〕*n.* 語言

4. (**D**) 台北秋天的天氣如何？

問「天氣如何？」，用 { *What* is the weather *like*? / *How* is the weather?
*weather〔'wɛðə〕*n.* 天氣　　fall〔fɔl〕*n.* 秋天

5. (**D**) 為了讓學生對所學習的東西更感興趣，書中放了許多圖片。

「make + sb. + *adj.*」表「使某人～」，空格應填一形容詞，做受詞 students 的補語，須用 interested（ˈɪntrɪstɪd）*adj.* 感興趣的，故 (A)(B) interesting（ˈɪntrɪstɪŋ）*adj.* 有趣的，不合句意。又依句意為「正面比較」，須用「more + 原級或～er」，故選 (D)。

6. (**B**) 喬治不是很聰明。但是他是那二個男孩中，較用功的那一位。

表示「二者中比較～的」，比較級前面要加 the。

＊smart（smɑrt）*adj.* 聰明的
   diligent（ˈdɪlədʒənt）*adj.* 用功的；勤勉的

7. (**B**) 米奇昨天買了耐吉的運動鞋，而且因為特價，<u>價格</u>真的很便宜。

(A) money（ˈmʌnɪ）*n.* 錢　　　　(B) *price*（praɪs）*n.* 價格
(C) present（ˈprɛznt）*n.* 禮物　　(D) tale（tel）*n.* 故事

＊*sports shoes* 運動鞋　　　sale（sel）*n.* 拍賣

8. (**C**) 如果一個英文<u>句子</u>太長的話，你更需要小心地說它。

(A) subject（ˈsʌbdʒɪkt）*n.* 科目
(B) novel（ˈnɑvl̩）*n.* 小說
(C) *sentence*（ˈsɛntəns）*n.* 句子
(D) memory（ˈmɛmərɪ）*n.* 記憶

＊carefully（ˈkɛrfəlɪ）*adv.* 小心地

9. (**A**) 聽說林莎莉明年將會教我們。所以她是我們<u>未來的</u>老師。

(A) *future*（ˈfutʃɚ）*adj.* 未來的
(B) changing（ˈtʃendʒɪŋ）*adj.* 改變的
(C) science（ˈsaɪəns）*n.* 科學
(D) preview（ˈpriˌvju）*v.* 預習

＊*They say* (*that*)～ 聽說（= *It is said that*～）

10. (**A**) 如果這棟建築物有火災，人們就會跑出去。

「there + be 動詞」表「有」。又表時間或條件的副詞子句，須用現在式表示未來，不可用 will 表示未來。

＊fire（faɪr）*n.* 火災　　building（ˈbɪldɪŋ）*n.* 建築物
   run out 跑出去

📖 TEST 66 ◆ 詳解

1. (**C**) 王小姐不太健康。她非常容易感冒。

   (A) welcome〔ˈwɛlkəm〕 *adj.* 受歡迎的
   (B) strange〔strendʒ〕 *adj.* 奇怪的
   (C) ***strong***〔strɔŋ〕 *adj.* 健康的；強壯的
   (D) busy〔ˈbɪzɪ〕 *adj.* 忙碌的
   * ***catch a cold*** 感冒　　easily〔ˈizɪlɪ〕 *adv.* 容易地

2. (**B**) 當我們在街上遇到別人時，我們通常會向他們問候。

   (A) happy〔ˈhæpɪ〕 *adj.* 快樂的
   (B) ***hello***〔həˈlo〕 *n.* 招呼；問好　***say hello to*** 問候～
   (C) thanks〔θæŋks〕 *n. pl.* 感謝
   (D) nice〔naɪs〕 *adj.* 好的

3. (**A**) 鄉下的空氣比城市的空氣新鮮。

   (A) ***fresh***〔frɛʃ〕 *adj.* 新鮮的（ fresher 是比較級 ）
   (B) clear〔klɪr〕 *adj.* 清楚的
   (C) convenient〔kənˈvinjənt〕 *adj.* 方便的
   (D) wide〔waɪd〕 *adj.* 寬廣的
   * that = the air

4. (**D**) 上英文課很有趣。

   不定詞與動名詞才能做主詞，故 (B) 不合，又不定詞與動名詞須
   視為單數，要使用單數動詞，故選 (D)。

5. (**D**) 你必須更用功念書，你的朋友也是。

   肯定句的「也」用 so，故 (C) 不合。這裡的 ***have to***「必須」，
   have 為本動詞，所以在 so 的倒裝句中，助動詞須用 do 或 does，
   又 your friends 為複數名詞，故選 (D)。

6. (**B**) 警方攔下了一位男士。他們說他從店裡偷了一些錢。然後他們在
   他的皮夾裡找到了那些錢。所以他們就把他帶到警察局。

(A) hospital〔'hɑspɪtḷ〕*n.* 醫院

(B) ***police station***〔pə'lis 'steʃən〕*n.* 警察局

(C) factory〔'fæktrɪ〕*n.* 工廠

(D) home〔hom〕*n.* 家

* stop〔stop〕*v.* 攔下　　wallet〔'wɑlɪt〕*n.* 皮夾

7. (**C**) 你有聽說過從中文引用而來的英文字嗎？

本句是由…any English word *which is borrowed from Chinese*?
轉化而來。

形容詞子句改為分詞片語，有二個步驟：

①去關代（which）。

②動詞改為現在分詞（is → being），又 being 可省略。

* ***know of*** 聽說過（ = *hear of*）

borrow〔'bɑro〕*v.* 引用（其他語言）；借（入）

8. (**C**) 夜市裡有許多<u>小販</u>販賣食物、飲料和衣服。

(A) vacation〔ve'keʃən〕*n.* 假期

(B) life〔laɪf〕*n.* 生活

(C) ***vendor***〔'vɛndɚ〕*n.* 小販

(D) village〔'vɪlɪdʒ〕*n.* 村莊

* ***lots of*** 很多（ = *a lot of*）　　***night market*** 夜市

sell〔sɛl〕*v.* 賣　　food〔fud〕*n.* 食物

drink〔drɪŋk〕*n.* 飲料　　clothes〔'kloz〕*n. pl.* 衣服

9. (**A**) 小孩們忙著準備送給他們母親的禮物。

$$\begin{cases} \textit{sb.} + \textbf{\textit{be busy}} + (\textbf{\textit{in}}) + \textbf{\textit{V-ing}} \ \ 忙於 \\ = \textit{sb.} + \textbf{\textit{be busy}} + \textbf{\textit{with}} + \textbf{\textit{N}}. \end{cases}$$

* prepare〔prɪ'pɛr〕*v.* 準備　　present〔'prɛzn̩t〕*n.* 禮物

10. (**A**) 我們送花給那位試圖抓小偷時，受傷的警察。

先行詞 the police officer 為「人」，關係代名詞須用 who，在
其引導的形容詞子句中做主詞。

* send〔sɛnd〕*v.* 送　　***police officer*** 警察　　***get hurt*** 受傷

catch〔kætʃ〕*v.* 捕捉　　thief〔θif〕*n.* 小偷

全國最完整的文法書
文法寶典

劉 毅 編著

　　這是一套想學好英文的人必備的工具書，作者積多年豐富的教學經驗，針對大家所不了解和最容易犯錯的地方，編寫成一套完整的文法書。

　　本書編排方式與眾不同，首先給讀者整體的概念，再詳述文法中的細節部分，內容十分完整。文法說明以圖表為中心，一目了然，並且務求深入淺出。無論您在考試中或其他書中所遇到的任何不了解的問題，或是您感到最煩惱的文法問題，查閱「文法寶典」均可迎刃而解。例如：哪些副詞可修飾名詞或代名詞？(P.228)；什麼是介副詞？(P.543)；哪些名詞可以當副詞用？(P.100)；倒裝句(P.629)、省略句(P.644)等特殊構句，為什麼倒裝？為什麼省略？原來的句子是什麼樣子？在「文法寶典」裏都有詳盡的說明。

　　例如：有人學了觀念錯誤的「假設法現在式」的公式，

> If + 現在式動詞……，主詞 + shall (will, may, can) + 原形動詞

只會造：If it rains, I will stay at home.
而不敢造：　If you *are* right, I *am* wrong.
　　　　　If I *said* that, I *was* mistaken.
　　　　　(If 子句不一定用在假設法，也可表示條件子句的直說法。)

可見如果學文法不求徹底了解，反而成為學習英文的絆腳石，對於這些易出錯的地方，我們都特別加以說明(詳見P.356)。

　　「文法寶典」每一冊均附有練習，只要讀完本書、做完練習，您必定信心十足，大幅提高對英文的興趣與實力。

全套五冊，售價1,400元。

國中會考英語聽力入門

李冠勳 主編 / 書+CD 280元 / 測驗本 50元

本書依照教育部公布之題型範例，分成三部分：辨識句意、基本問答、言談理解，共18回，每回20題，適合七、八年級同學提前練習會考聽力。

國中會考英語聽力測驗①

李冠勳 主編 / 書+CD 280元 / 測驗本50元

依照教育部公布之題型範例，分成三部分：辨識句意、基本問答、言談理解，共12回，每回30題，題目豐富，適合九年級同學，加強練習會考聽力。

國中會考英語聽力測驗②

李冠勳 主編 / 書+CD 280元 / 測驗本50元

依照教育部公布之題型範例，分成三部分：辨識句意、基本問答、言談理解，共12回，每回30題，題目豐富，適合九年級同學，加強練習會考聽力。

國中會考必備1200字（創新錄音版）

劉毅 主編 / 書150元

按照字母順序排列，每一個單字皆有例句，讓同學對於單字的用法更清楚了解。七、八年級同學可以先背「國中會考必備1200字」。

國中常用2000字（創新錄音版）

劉毅 主編 / 書240元

按照字母順序排列，每一個單字皆有例句，讓同學對於單字的用法更清楚了解。九年級同學可以進一步使用「國中常用2000字」，準備更完善。

會考克漏字500題
李冠勳 主編 / 題本100元·教師手冊100元

針對會考閱讀題型編撰,「會考克漏字500題」有70回,練習豐富,內容多元,為想加強克漏字的同學量身打造。

會考閱讀測驗500題
李冠勳 主編 / 題本100元·教師手冊100元

有60回,內容廣泛,包含各種主題,是準備會考閱讀測驗不可或缺的閱讀題本,可以加強閱讀的速度和作答的準確度,更能從容面對會考閱讀測驗。

會考單字文法500題
李冠勳 主編 / 題本100元·教師手冊100元

準備會考,一定要多做題目,本書共有50回單字文法題,每一回10題,題型完全仿照會考,確實做完本書,認真檢討答案,會考就能考高分。

國中會考英語模擬試題①～④
劉 毅 主編 / 每冊模擬試題100元 / 教師手冊280元

依照教育部公布之題型範例,分成兩部分:聽力、閱讀,各有8回,每回60題,比照實際考試的方式出題,讓同學可以快速掌握出題方向,並做充足的準備。

國中常考英文法
劉 毅 修編 / 書100元 / 教師手冊100元

歸納出50個最重要的常考文法重點,每一個重點都有10題練習,讓同學在最短時間內把文法做完善的練習和準備,並對文法有全面性的了解。

跟著百萬網紅「劉毅完美英語」學英文

　　劉毅老師在「快手」、「抖音」網站，每堂課平均約30秒，每天有2~3堂課，任何時間、任何地點都可以重複練習，在線上從小學、國中、高中、大學到成人，不分年齡、不分程度，人人可學。可和劉毅老師一對一討論，什麼問題都可以問，有問必答！用劉毅老師說的話來留言，寫得愈多，進步愈多，可以輕鬆應付任何考試！

立即掃描QR碼，下載「快手」、「抖音」，搜索「劉毅完美英語」，
點讚、分享及關注，成為粉絲，享受免費英語課程！

會考單字文法考前 660 題教師手冊

售價：150 元

主　　　編 / 李 冠 勳
發 行 所 / 學習出版有限公司　　☎ (02) 2704-5525
郵 撥 帳 號 / 05127272 學習出版社帳戶
登 記 證 / 局版台業 2179 號
印 刷 所 / 裕強彩色印刷有限公司
台 北 門 市 / 台北市許昌街 17 號 6F　　☎ (02) 2331-4060
台灣總經銷 / 紅螞蟻圖書有限公司　　☎ (02) 2795-3656
本公司網址 / www.learnbook.com.tw
電 子 郵 件 / learnbook0928@gmail.com

2024 年 3 月 1 日新修訂

4713269381150